À S'EN *arracher* LE CŒUR

RÉFLEXIONS SUR LES FILLES ET L'AMOUR DANS LA FICTION

De la même autrice

Adulte

Mister Big ou la glorification des amours toxiques, Québec Amérique, 2021.
Ma vie avec un scientifique – La fertilité, Les Éditions de l'Homme, 2018.
La mort d'une princesse, Les Éditions de l'Homme, 2017.
« Maeva », *Miroirs*, collectif, VLB éditeur, 2013.
Les aventures d'India Jones, Les Intouchables, 2004 ; nouvelle édition, sous le titre de *Un homme s'il vous plaît !*, Michel Lafon, 2015.

SÉRIE LA CÉLIBATAIRE

La célibataire, Tome 2 – Survivante, Les Éditions de l'Homme, 2014.
La célibataire, Tome 1, Michel Lafon, 2012.

Jeunesse

Gustav le chien tout croche, Les Éditions de la Bagnole, 2024.
Le mariage de mon père, Québec Amérique, 2023.
Les baleines et nous, Les Éditions de la Bagnole, 2021.
Une histoire de cancer qui finit bien, La Pastèque, 2017.
Le journal intime de Marie-Cool, Michel Lafon, 2014.
Le Noël de Marguerite, La Pastèque, 2011.

SÉRIE INDIA ET MOI

India est dans la lune, Fonfon, 2021.
India a un prénom bizarre, Fonfon, 2021.
India est malade, Fonfon, 2021.
India est amoureuse, Fonfon, 2021.

SÉRIE LE JOURNAL D'AURÉLIE LAFLAMME

9 titres parmi lesquels :
Tome 9 – Voler de ses propres ailes, Les Éditions de l'Homme, 2018.
Tome 1 – Extraterrestre... ou presque, Les Intouchables, 2006 ; nouvelle édition, Les Éditions de l'Homme, 2015.

India Desjardins

Illustrations de LaCharbonne

À S'EN *arracher* LE CŒUR

RÉFLEXIONS SUR LES FILLES ET L'AMOUR DANS LA FICTION

Québec Amérique

Projet dirigé par Stéphane Dompierre, éditeur

Conception graphique et mise en pages: Nathalie Caron
Révision linguistique: Sabrina Raymond
Illustrations: LaCharbonne

Québec Amérique
7240, rue Saint-Hubert
Montréal (Québec) Canada H2R 2N1
Téléphone: 514 499-3000

Nous reconnaissons l'aide financière du gouvernement du Canada.

Nous remercions le Conseil des arts du Canada de son soutien.
We acknowledge the support of the Canada Council for the Arts.

Nous tenons également à remercier la SODEC pour son appui financier.
Gouvernement du Québec – Programme de crédit d'impôt pour l'édition de livres – Gestion SODEC.

Catalogage avant publication de Bibliothèque et Archives nationales du Québec et Bibliothèque et Archives Canada

Titre: À s'en arracher le cœur: réflexions sur les filles et l'amour dans la fiction / India Desjardins.
Noms: Desjardins, India, auteur.
Description: Mention de collection: Essai jeunesse
Identifiants: Canadiana (livre imprimé) 20250038390 |
Canadiana (livre numérique) 20250038404 | ISBN 9782764455739 |
ISBN 9782764455746 (PDF) | ISBN 9782764455753 (EPUB)
Vedettes-matière: RVM: Femmes—Psychologie. | RVM: Femmes dans la culture populaire. | RVM: Amour dans la culture populaire. |
RVM: Stéréotypes.
Classification: LCC HQ1208.D49 2025 | CDD 305.42—dc23

Dépôt légal, Bibliothèque et Archives nationales du Québec, 2025
Dépôt légal, Bibliothèque et Archives du Canada, 2025

quebec-amerique.com

Imprimé au Canada

*Pour Akira, avec qui j'aime avoir ces discussions
et qui m'inspire la dissidence.*

*Pour Olive, et toutes les personnes comme elle
qui veulent se voir davantage dans les fictions.*

Table des matières

Pour faciliter la lecture, toutes les notes et références sont à la fin du livre.

Prologue

Dissidence

Il y a certains moments où on se dit qu'il aurait mieux valu se taire. On l'apprend assez tôt. Quand on dit un gros mot. Quand on donne une mauvaise réponse après avoir levé la main en classe. Quand on prononce des paroles blessantes. Quand on parle trop fort dans un lieu public. Quand on n'a rien à dire. Quand on a peur de déplaire. Quand on craint la réaction des autres. Quand on sait qu'on va déranger un groupe. On comprend vite que le silence nous protège des tumultes.

Il y a quelques années, je regardais une vidéo de la classe de primaire de mon filleul où une chorale d'élèves interprétait une chanson de Noël. La chanson m'était inconnue et s'avérait très peu mélodieuse. Elle était en plus ponctuée d'onomatopées cacophoniques. On entendait « Tap ti petap, tap ti peti petap » sans arrêt. En tant que public qui n'a qu'un lien familial avec l'un de ces enfants, je trouvais bien sûr le groupe mignon, mais le spectacle était plutôt désagréable. Malgré tout, j'ai regardé la vidéo des dizaines de fois pour observer mon filleul.

Quand la vidéo commence, les enfants interprètent en chœur les paroles et reproduisent les gestes d'une chorégraphie minutieusement apprise. Au départ, mon filleul participe. Il chante et suit la cadence de son mieux. Après le premier couplet, il s'exécute avec de moins en moins d'entrain. Il suffit de quelques « Tap ti petap, tap ti peti petap » pour qu'il manifeste un début d'impatience. Puis, il regarde droit dans la caméra qui enregistre la scène et, avec un air nonchalant, lève discrètement sa main et fait le signe de cornes du diable. Il est instinctivement ironique. Il exprime par ce geste, popularisé par la culture rock et métal, le contraire de ce qu'il ressent. Il veut nous montrer que lui, il n'aime pas la chanson. Elle ne rocke pas. Pendant le reste de la performance, il laisse paraître de plus en plus son irritation. À un moment, on sent qu'il a envie de monter ses mains vers ses oreilles pour les boucher, mais il se retient au dernier moment, sans doute par politesse malgré son envie de se rebeller. Il subit difficilement le reste de l'exercice. Il s'y soumet pourtant en l'adaptant à sa personnalité, en mimant entre autres une danse de son jeu vidéo préféré. Puis, il bâille. Et finalement, n'en pouvant plus, il laisse tomber sa tête sur sa main et attend que ça finisse.

Je suis sûrement une mauvaise adulte, car cette vidéo m'a fait rire aux larmes. Je m'identifiais à ce qu'il vivait : ce moment était insupportable. Avoir été à sa place, moi aussi j'aurais eu envie de me boucher les oreilles.

Mon filleul est considéré comme un élève turbulent. Il a du mal à suivre les consignes s'il n'en saisit pas la logique. Mais il comprend qu'il doit accepter certaines situations qui font partie de la vie en société dans une école. Il s'y adapte la plupart du temps. Il s'exprime en vase clos, dans sa famille, pour raconter ce qui ne fait pas son affaire, ce qu'il trouve injuste ou incompréhensible. Il sait que s'il le dit en classe, il sera réprimandé. Il est donc un peu comme tout le monde qui, lorsqu'une situation sociale est la norme, décide qu'il fera de son mieux pour y adhérer – du moins en apparence – pour éviter d'en subir les conséquences.

Cette anecdote, qui semble anodine, illustre pour moi le malaise face à un cadre imposé, lorsqu'on commence à le remettre en question. Ce livre représente une prise de conscience, un de ces moments où j'ai commencé à me détacher du groupe, à ne plus pouvoir voir les choses de la même façon, à ne plus vouloir suivre la chorégraphie, celle qu'on m'a appris à accepter, celle que je devais suivre sans rien dire.

Qu'arrive-t-il lorsqu'on ne veut plus chanter la chanson ? Lorsque la situation nous rend si inconfortables que l'on est incapables de la tolérer en silence ?

On fait un signe de cornes du diable, symbole discret de notre dissidence.

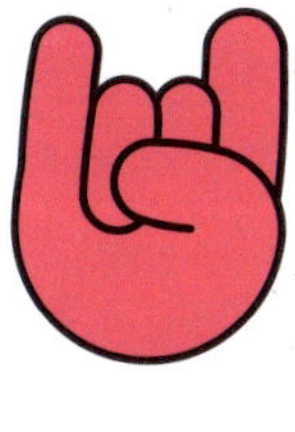

Chapitre 1

Tant de questions

Je me demande ce qui fait partie de notre identité et ce qui s'y enracine malgré nous.

Lorsque j'étais à l'école primaire, il y avait des Olympiades. Ce fameux événement que tous les enfants aimaient pour les médailles, mais surtout pour le jus orange fluo auquel on avait droit après les épreuves. Je participais au sprint du cent mètres. J'étais prête. Sur la ligne de départ, j'étais déterminée. Au signal, je me suis élancée dans ma course. Mes parents étaient dans les estrades et je voulais les impressionner. Surtout mon père, qui était à l'époque mon partenaire de sport. Mais je ne les regardais pas. J'étais concentrée sur la ligne d'arrivée. Je courais pour la médaille d'or. À chaque foulée, je pouvais imaginer ma victoire. Les jambes me brûlaient, le cœur me débattait et l'adrénaline me propulsait. J'ai franchi la ligne d'arrivée en troisième position, le souffle court. J'avais eu à peine le temps de réaliser que la course était terminée lorsqu'on m'a annoncé que j'avais remporté la médaille de bronze. J'étais déçue que l'or m'ait échappé, mais fière d'avoir ma place sur le podium. Mon père applaudissait avec intensité et ma mère hurlait « bravooooo ! » avec les larmes aux yeux. Un peu plus tard, à la station de jus orange fluo, alors que j'étais en train de me servir un verre, encore grisée par cette victoire, un gars de ma classe a pointé ma médaille et m'a dit: « Pas pire pour une fille. » Pour une fille...

J'ai eu l'impression, à ce moment-là, qu'il y avait une différence entre nous. Quelque chose que je ne pouvais pas encore nommer, mais que je ressentais. Comme si ma médaille n'avait pas la même valeur que si un garçon l'avait portée. C'était flou, mais une petite fissure venait de s'installer.

À divers moments dans ma vie, j'ai encaissé ce genre de commentaire sans répliquer. Des commentaires qui me donnaient l'impression que je n'étais pas tout à fait à ma place ou qui me faisaient douter de mes accomplissements. J'ai peut-être bredouillé des « merci » ou, à certaines occasions, ricané, même si je ne trouvais pas ça drôle ou que ça me blessait. J'ai accepté des conventions que, pendant longtemps, je n'ai pas remises en question.

C'est petit à petit que j'ai commencé à remarquer des différences dans la façon dont les filles étaient perçues et traitées, et à constater que c'était considéré comme normal, voire banal. Ensuite, cette prise de conscience s'est étendue: j'ai observé la même chose dans les médias, dans les œuvres de fiction, dans l'humour, sur les réseaux sociaux... Puis, en regardant des histoires que j'avais toujours consommées sans me questionner, j'ai réalisé que la plupart d'entre elles mettaient davantage en scène des personnages masculins. Quant aux héroïnes, elles n'avaient pas les mêmes aventures, la même complexité, la même importance. Les histoires d'amour qui m'étaient présentées comme romantiques m'apparaissaient désormais déséquilibrées, parfois même malsaines.

Je ne me souviens pas d'un moment précis où j'ai réalisé que je n'avais plus envie de participer à cette vision du monde qui m'était imposée. Est-ce que c'était quelque chose que j'avais lu? Quelqu'un qui m'en avait fait prendre conscience? Un événement en particulier? Un peu de tout ça? Je me souviens simplement de divers moments où je me suis questionnée sur ce que j'acceptais comme la normalité. Une normalité où, à plusieurs reprises, j'ai constaté qu'on dévalorisait les filles et les femmes, sans même s'en rendre compte, comme si ça faisait partie du cours normal des choses. Et je me suis demandé quelles répercussions cela pouvait avoir sur elles, sur moi.

En 2024, lors de l'élection présidentielle américaine, Donald Trump a été élu face à son opposante Kamala Harris, illustrant une tendance déjà observée dans les recherches: les candidates féminines, même lorsqu'elles présentent des qualifications plus élevées que leurs homologues masculins, doivent souvent surmonter des stéréotypes qui les dépeignent comme moins aptes à occuper des postes de

leadership. On tente de les discréditer en critiquant des choses comme leur ton de voix, leur façon de rire, leurs vêtements, les causes qui leur tiennent à cœur, considérées comme étant de moins grande importance, ou en remettant carrément en question leur compétence. Je me demande si ce traitement inégal, qu'on observe à répétition dans différents contextes, pourrait éventuellement avoir un effet dissuasif sur les ambitions des jeunes filles qui auraient envie d'accéder à des postes prestigieux.

Quand j'ai des discussions sur les inégalités que j'observe, il se trouve des gens pour me dire que « tout est réglé » et que ce sont simplement des biais qui fausseraient ma perception (ce que j'entends comme « chut, chut, chut »). Pourtant, en 2023, lors de la Commission de la condition de la femme, le secrétaire général des Nations unies António Guterres a déclaré : « L'égalité entre les sexes s'éloigne de plus en plus. Au rythme actuel, ONU Femmes la fixe à dans 300 ans. » Il a illustré cette régression par un exemple frappant : « Dans les domaines des sciences et des technologies, les femmes ne représentent que 3 % des lauréats de prix Nobel », précisant que des équipes composées uniquement d'hommes ont remporté ce prix 172 fois. Dans son discours, il a mentionné que « des siècles de patriarcat, de discrimination et de stéréotypes pénibles ont créé un fossé entre les sexes ». Il s'est inquiété de constater que les « droits des femmes étaient maltraités, menacés, violés à travers le monde » et que « le progrès effectué depuis des décennies disparaissait sous nos yeux ».

Malgré les progrès réalisés et le fait que de plus en plus de femmes accèdent à des postes importants dans certains domaines, les statistiques démontrent qu'il reste encore un bon bout de chemin à parcourir pour atteindre une véritable équité. Une recherche du Forum économique mondial a révélé qu'au rythme actuel, il faudrait attendre jusqu'en 2158 pour atteindre une parité complète, soit environ cinq générations.

Les hommes sont majoritaires en politique, dans des métiers d'autorité comme la police, en tant que dirigeants des compagnies d'envergure, dans les ligues de sport professionnel les plus prestigieuses, et possèdent les plus grandes fortunes. Seulement chez nous, d'après un document publié par Statistique Canada en 2022, les femmes occupent environ 35,6 % des postes de gestion et 30,9 % des postes de haute direction au pays. Ce à quoi plusieurs répondent que c'est par manque d'intérêt des femmes pour certaines professions qu'on ne les y retrouve pas. (Argument qui me fâche, car il est réducteur alors que la réalité est plus complexe.) Les recherches démontrent plutôt plusieurs facteurs qui rendent plus difficile pour les femmes de défoncer ce qu'on appelle le « plafond de verre » (les obstacles invisibles qui empêchent les femmes et d'autres groupes marginalisés d'accéder à des postes de haut niveau dans le monde professionnel). Parmi ces facteurs, on retrouve les préjugés sur leurs compétences, la charge familiale, ainsi qu'un manque d'estime de soi.

Ces inégalités se manifestent aussi dans la sphère privée. Selon l'Institut de la statistique du Québec, en 2022, 25 401 personnes ont été victimes de violence dans un contexte conjugal, dont 19 126 femmes et 6 275 hommes. Environ 40 % des Québécoises de dix-huit ans et plus ayant déjà été dans une relation intime ont vécu au moins un acte de violence entre partenaires au cours de leur vie. Bien que les hommes puissent également être victimes de violence conjugale, ce sont principalement les femmes qui en subissent, dont les formes les plus graves, tant sur le plan des actes que des conséquences. Chez les ados, 45 % ont déclaré avoir été victimes de violence dans le cadre de fréquentations, dont neuf fois plus de filles que de garçons. Dans le rapport *Enquête québécoise sur la violence commise par des partenaires intimes 2021-2022*, on parle même d'un problème de santé publique important. Et, selon l'Institut national de santé publique du Québec, « les efforts de promotion de relations égalitaires et harmonieuses s'avèrent essentiels pour assurer la santé et le bien-être des jeunes ainsi que la prévention de la violence dans leurs relations amoureuses ».

En 2023, un dossier de Léa Carrier dans *La Presse* soulignait la montée du discours misogyne dans les écoles. « Ça peut se refléter par des blagues désobligeantes, des commentaires sexistes lancés en classe sans aucune retenue et même des tensions entre les garçons et les filles », expliquaient des enseignant·e·s interviewé·e·s. Dans un des articles du dossier, le Centre de la prévention de la radicalisation menant à la violence, qui offre un service d'accompagnement aux écoles aux prises avec des actes haineux, affirme constater « une hausse des demandes d'assistance pour des enjeux liés au genre ».

Je ne peux m'empêcher de me demander pourquoi ces idées traversent les époques et ce qui les rend si difficiles à déloger.

Personnellement, ça me préoccupe.

Il existe une multitude de facteurs qui peuvent expliquer ces injustices encore persistantes aujourd'hui. Parmi ceux-ci, les stéréotypes sont souvent évoqués lorsqu'on cherche à comprendre les inégalités de genre, et j'aimerais explorer comment ils peuvent y contribuer à travers la culture populaire.

Qu'est-ce que les œuvres que nous consommons nous renvoient comme image de nous ? Est-ce qu'elles peuvent influencer notre façon de percevoir certaines choses, comme l'amour ou même notre place dans la société ?

Qu'est-ce qu'un stéréotype ?

Voici la définition du gouvernement du Québec :

Les stéréotypes sont des caractéristiques que la société attribue à un groupe de personnes pour les classer instinctivement, par exemple selon leur âge, leur poids, leur métier, leur couleur de peau ou leur sexe. […] Ce sont des idées toutes faites et des images caricaturales qui influencent négativement notre façon de percevoir les gens, d'interagir avec eux et de les traiter.

Quant aux stéréotypes de genre, ils découlent d'une fausse croyance que certaines compétences ou certains traits de caractère seraient spécifiques aux filles et d'autres aux garçons.

Qu'est-ce qu'un stéréotype en fiction ?

Les stéréotypes en fiction sont des traits prévisibles chez les personnages, qu'on voit à répétition, qui prennent racine sur les préjugés qu'on a d'une catégorie de personnes ou sur un idéal qu'on glorifie trop.

Chapitre 2

Retour vers le passé

« Pourquoi elle ne peut pas poser de questions ? » C'est ce que je me suis demandé lorsque j'ai vu le film *Back to the Future II* lorsque j'avais treize ans et que le personnage de Jennifer se fait endormir après avoir posé quelques (ou « trop de ») questions.

Back to the Future est une série de films de science-fiction cultes de mon époque (oui bon, *spoiler alert*, je suis plus vieille que toi, mais je dois juste faire un petit retour en arrière pour une mise en contexte !) où un adolescent, Marty McFly, voyage dans le temps à bord d'une voiture DeLorean modifiée par son ami, le docteur Emmett Brown (ou Doc pour les intimes), tout en essayant de corriger les paradoxes temporels qu'il a lui-même causés.

Lorsque Marty voit la DeLorean pour la première fois, équipée de gadgets étranges, il demande à Doc : « Qu'est-ce que vous avez fait avec cette voiture ? » Doc lui explique son expérience et lui fait une démonstration avec son chien Einstein en l'envoyant une minute dans le futur. Marty demande alors « Mais où était Einstein ? », et plus tard : « Voulez-vous dire que vous avez fait une machine à voyager dans le temps avec une DeLorean ? » Marty pose donc des tonnes de questions et Doc prend la peine de lui expliquer en détail ce qu'il a fait, ses réflexions, une partie du fonctionnement technique de l'engin et l'importance de ne pas en savoir trop sur son passé et son futur. Quand j'étais plus jeune, j'aimais bien voir un adulte faire confiance à un ado avec ce genre de secrets et c'est en partie la raison pour laquelle j'aimais ce film. (Ça et le fait que je trouvais Marty assez beau, et les aventures palpitantes.)

Dans le premier film, Marty a une blonde, Jennifer, qu'on ne voit que dans quelques scènes. Et à la fin, Doc leur dit que dans le futur, il y a un problème avec leurs enfants. Ils doivent donc monter à bord de la DeLorean et le suivre en 2015 (le futur pour eux, le passé pour nous, en tout cas, c'est compliqué, mais suivez-moi !). J'adorais le personnage de Jennifer. Je m'habillais comme elle, j'essayais de parler comme elle (en version doublée, car je ne parlais pas anglais à l'époque) et j'avais vraiment hâte de la retrouver dans un rôle plus important dans le second volet ! Malheureusement, c'est là que ça se corse.

Au tout début du deuxième film, Jennifer commet UNE GRAVE ERREUR : elle pose un petit peu trop de questions (Ouuuuuh danger !). En effet, lorsqu'elle apprend que Doc les transporte en 2015, elle s'écrie : « Le futur ? Que veux-tu dire, Marty ? Comment peut-on être dans le futur ? » Marty lui explique qu'ils sont dans une machine à voyager dans le temps. Après quoi elle se demande comment était leur mariage, de quoi avait l'air sa robe, dans quel quartier ils habitent, et le scientifique… la plonge dans un profond sommeil avec un appareil futuriste. Lorsque Marty demande à Doc pourquoi il endort sa blonde, son ami répond qu'il ne veut pas qu'elle voie trop le futur. Marty (qui a le droit, lui, de poser des questions et de voir le futur) lui demande alors pourquoi il a décidé de l'emmener. Le scientifique répond qu'il n'avait pas le choix étant donné qu'elle avait vu la voiture et qu'il ne pouvait la laisser avec cette information, mais que de toute façon, il n'a pas à s'inquiéter, car « elle n'est pas essentielle au plan ».

Arrivé·e·s dans le futur, Doc laisse le corps endormi de Jennifer dans une ruelle… accotée sur des objets divers ressemblant à des poubelles. Ensuite, Doc et Marty la ramènent (toujours endormie) en 1985, mais ils réalisent qu'il s'agit d'une réalité alternative horrible et qu'ils doivent repartir à l'aventure pour corriger une erreur temporelle qui a créé cette réalité. Mais lorsque les deux hommes repartent à l'aventure, Marty se sent mal de laisser Jennifer dans la réalité alternative. Doc affirme alors que ce n'est pas grave, car lorsqu'ils auront corrigé l'erreur « la réalité se reconstruira autour d'elle ».

J'avais treize ans et j'étais déçue. Je ne comprenais pas l'explication de Doc. Pourquoi ne pouvait-il pas lui donner la même raison qu'à Marty, c'est-à-dire ne pas trop tenter d'en savoir sur le futur? Elle aurait compris.

J'ai eu ma réponse plusieurs années plus tard dans les suppléments d'un coffret DVD de la trilogie. Robert Zemeckis (le réalisateur) et Bob Gale (le scénariste), y racontent qu'au départ une suite n'était pas prévue. C'est l'immense succès du film qui a fait que les studios ont commandé d'autres volets. Le réalisateur et le scénariste expliquent qu'ils ont regretté d'avoir terminé le film avec Jennifer dans la voiture, car « ça les obligeait à créer une histoire qui l'incluait plutôt qu'une toute nouvelle aventure ». La finale était donc pour créer un punch. Mais lorsqu'est venu le temps d'écrire le deuxième film, ils ne savaient pas quoi faire avec Jennifer. Ils ont donc trouvé une façon de s'en débarrasser.

Ouch. Moi, ça me fait un petit peu mal. Je crois que le deuxième film – même si j'adore cette trilogie que je regarde chaque année et que je n'arrêterai jamais d'aimer – a été celui où pour la première fois j'ai remarqué le traitement différent réservé à un personnage féminin. Parce que j'étais trop déçue que Jennifer n'ait pas plus d'importance dans l'histoire. Depuis que j'ai vu *Back to the Future II*, je me demande pourquoi il était impossible d'intégrer Jennifer à l'aventure. La réponse des créateurs est assez représentative selon moi de la façon de traiter les personnages féminins dans la plupart des fictions.

Je parle ici d'un film de 1985 et on pourrait me répondre: « Ça a changé, nous ne sommes plus dans ce passé lointain qui date de plus de 40 ans ! » C'est pourtant loin d'être le cas. S'il y a de plus en plus de conscientisation pour obtenir une meilleure représentation des personnages féminins, les personnages masculins dominent encore largement les histoires.

Quelle en est la raison? Les studios ont souvent donné comme argument que les personnages masculins attirent tous les publics tandis que les personnages féminins attirent surtout... les filles.

QUELQUES CHIFFRES :

Dans les films pour enfants, il y a trois personnages masculins pour un personnage féminin.

3/4 des personnages parlants de ces films sont des garçons.

83 % des histoires sont racontées d'un point de vue masculin.

Seulement 28 % des personnages féminins sont des personnages parlants.

Chapitre 3

Parmi ces gens

Très tôt dans ma vie, j'ai eu envie de voir des personnages féminins. Mais rapidement, j'ai réalisé que les divertissements les mettant de l'avant semblaient de moindre valeur. J'ai remarqué peu à peu que je devais même rester discrète sur certains de mes champs d'intérêt pour être prise au sérieux. Par exemple, à onze ans, je devais cacher que j'aimais encore jouer à la Barbie. Pourtant, plusieurs garçons jouaient avec des figurines de *Star Wars* ou des faux sabres laser qu'ils se fabriquaient. J'aimais *Girls Just Want to Have Fun*, un film où une fille et sa meilleure amie s'entraînent pour gagner un concours de danse. Mais c'était supposément trop «girly»: une histoire de danse, de filles solidaires, d'amour... BEURK! J'étais automatiquement discréditée si je le mettais dans mon top cinq de films préférés (alors qu'à onze ans ce n'est pas nécessairement les qualités artistiques d'une œuvre qui priment dans les conversations). À cette époque, il était bien vu chez les jeunes de mon âge de dire qu'on aimait *Gremlins*, l'histoire d'un toutou cute qui se transforme en monstre et se reproduit lorsqu'il est arrosé d'eau (HEILLE HEIN? TELLEMENT PLUS COOL QU'UN CONCOURS DE DANSE !!!). Je devais aussi faire attention de ne pas parler des chansons pop que j'aimais. Et surtout, ne pas arborer la couleur rose, au risque d'être rejet à jamais (c'est supposément tellement « bébé » comme couleur, contrairement à toutes les autres couleurs, tsssss !).

Les observations ont commencé à s'accumuler. La musique la plus considérée provenait d'artistes masculins. (Était-elle vraiment à ce point meilleure?) La plupart des films les mieux évalués étaient ceux qui mettaient à l'avant-plan des personnages masculins. (Avaient-ils à ce point plus de qualités?) Certains sports comme le patin artistique ou la nage synchronisée, pourtant des disciplines olympiques, étaient sous-estimés. (Étaient-ils réellement moins exigeants?)

Bref, tout ça pour dire que ces questions me turlupinent depuis longtemps. (J'avais VRAIMENT envie d'utiliser le mot « turlupine », je le trouve comique et ça dédramatise mes tourments. C'est fait, il ne sera plus dans le livre, promis !)

J'avais treize ans quand Disney a lancé le film *La Petite Sirène.* J'ai tellement aimé ! L'histoire d'une ado qui rêve de découvrir un autre monde que le sien et qui réalise éventuellement que sa voix est ce qu'elle a de plus précieux : ça me parlait ! Une amie m'a rapidement recommandé de cacher ma fascination pour ce personnage. Sinon, je ne serais jamais respectée par les gars, selon elle. Pourtant, je voulais être « libre comme l'air, là sur cette Terre, parmi ces geeeeeens ! » (Les vrai·e·s savent.)

Je me suis inspirée de cette anecdote dans mon roman *Le Journal d'Aurélie Laflamme, extraterrestre ou presque*, publié en 2006. Au début de l'histoire, Aurélie a une meilleure amie, Kat, qui lui fait part de certaines règles à adopter devant les gars, comme celle de ne pas révéler leurs goûts trop « girly ». Aurélie ne comprend tellement pas cette règle qu'elle la transgresse dans une arcade, devant plein de gars, ce qui crée une chicane avec son amie. Aurélie explique en détail son désaccord à se soumettre à ce genre de règles. Elle ne comprend pas pourquoi ses goûts à elle ne sont pas valides, mais que ceux des garçons le sont. Elle est désespérée de réaliser que pour être acceptée, elle doit faire semblant d'aimer ce qu'eux jugent excellent. Et surtout, elle décide que si pour être aimée des gars, elle doit mentir sur ce qu'elle est, elle préfère ne pas s'intéresser à eux du tout. Après tout, est-ce un but ultime à atteindre, d'être aimée par eux ? Pour moi, tout ça était une métaphore sociale, exprimée à l'aide d'une anecdote qui semble anodine. Et lorsque j'ai écrit ce premier tome de la série *Le Journal d'Aurélie Laflamme*, j'avais besoin d'exprimer certaines choses, comme le fait de m'être toujours sentie, pour plusieurs raisons, comme une extraterrestre sur cette planète. Comme si, telle que je suis, je n'avais pas tout à fait ma place. À l'époque, je ne mesurais pas encore toute l'ampleur que ce questionnement prendrait en moi ni que ce que j'écrivais dans mes romans n'arriverait pas tout à fait à l'exorciser.

Qu'est-ce qui pousse à percevoir certaines préférences comme inférieures, voire moins universelles ? Pourquoi juge-t-on que les goûts, les choix ou la vision des choses de certaines personnes sont moins valables ?

On pourrait penser que les choses ont changé, que tout ça s'est un peu décloisonné, mais pas tellement. Par exemple, à l'été 2023, coup sur coup, le film *Barbie* attirait un public qui se déplaçait au cinéma vêtu de rose et le film *Taylor Swift: The Eras Tour* réunissait une foule portant des tenues reflétant l'ère de la chanteuse qui les inspirait le plus. Ces fans étaient tourné·e·s en ridicule sur les réseaux sociaux et, si certains médias les défendaient, d'autres critiquaient ce qu'on qualifiait de coup de marketing en plus de dénoncer une certaine récupération marchande visant à vendre des produits dérivés. On déplorait l'exploitation des jeunes filles et leur grande naïveté face à leur conformisme dans ces événements. On jugeait même parfois que leur comportement pouvait être inapproprié pour les salles de cinéma, parce qu'elles dansaient et chantaient. Pourtant, à peu près au même moment, des fans de soccer suivaient les matchs de la saison habillé·e·s de la tête aux pieds aux couleurs de leur équipe préférée, souvent maquillé·e·s, et personne ne s'inquiétait de les voir se déplacer ainsi vêtu·e·s, dépenser leur argent pour cette passion, ni ne soulignaient leur comportement enthousiaste, parfois même agressif quand un match n'allait pas dans le sens de leurs attentes. Et que dire, depuis le début des années 2000, de tous les films de superhéros qui attirent un public de fans déguisé·e·s et investi·e·s, adeptes de figurines à l'effigie de leur héros ?

Il est fréquent que le travail des créatrices ou les œuvres associées à des thématiques perçues comme féminines soient jugés sous un prisme différent, souvent moins universel. Je l'ai moi-même constaté au cours de ma carrière. J'ai une anecdote à ce sujet, mais avant de la raconter, je dois faire un...

AVERTISSEMENT

Je bénéficie d'un soutien super chaleureux des médias avec qui j'entretiens de bonnes relations depuis mes tout débuts. Comme d'autres artistes, je reçois des critiques positives et d'autres négatives. Ça vient avec le métier et je vis bien avec ça.

Fin de mon avertissement, retour à mon anecdote !

En tant que créatrice qui choisit de mettre à l'avant-plan des personnages féminins, il m'est arrivé de penser que ça teintait la façon dont on percevait ce que je fais. Quelques fois, j'ai remarqué que certaines critiques que j'ai reçues ne parlaient pas de mon travail comme tel. C'était autre chose, extérieur à la création. C'est délicat d'en parler et c'est une impression parfois difficile à cerner. Mais l'une d'entre elles illustre de façon assez éloquente ce que j'ai parfois relevé dans certains articles me concernant. Dans une chronique de 2010 suivant la parution du film adapté de ma série, *Le Journal d'Aurélie Laflamme*, que j'avais coscénarisé, le critique de cinéma Marc Cassivi écrivait ceci: « Aparté. J'ai 37 ans, deux petits garçons qui aiment les superhéros, deux frères et une sœur qui n'a jamais affiché de poster des New Kids on the Block sur le mur de sa chambre. Ma blonde est tout sauf "girly" et ma "fillette intérieure" est parfaitement inexistante. Voir des adolescentes rougir et ricaner au passage d'un sosie de Justin Bieber (Nick Carter avec une coupe de cheveux pour dame) m'a toujours exaspéré. Le rose, à mon avis, devrait être interdit et je n'ai pas du tout hâte de voir *Sex and the City 2*. Fin de l'aparté. Tout ça pour vous dire, bien franchement, que j'ai souffert en voyant *Le journal d'Aurélie Laflamme.* »

Je trouve intéressant qu'un homme prétende qu'il faille absolument avoir une « fillette intérieure » pour aimer un film mettant de l'avant des personnages féminins. Intéressant parce que les filles doivent s'habituer très tôt à regarder des œuvres cinématographiques où la plupart des protagonistes sont masculins. Si les filles étaient obligées d'attendre d'avoir un « garçon intérieur » pour aimer un film, elles auraient bien peu d'œuvres à apprécier, puisque les personnages masculins y sont largement majoritaires. Visiblement, elles n'ont pas tant besoin de s'identifier au genre des personnages pour en apprécier les aventures et n'éprouvent pas non plus l'envie soudaine d'interdire une couleur.

Je suis pour la liberté d'expression. Je crois fermement que ces journalistes, que j'estime, ont le droit de penser ce qu'ils veulent, de dire ce qu'ils veulent et de la façon qu'ils le veulent.

Mais je me demande si, lorsqu'il est question de sujets perçus comme plus féminins, certains biais inconscients n'influencent pas leur regard ou la manière dont ils en parlent. Et surtout, je me demande pourquoi j'ai longtemps donné beaucoup plus de poids à leur point de vue plutôt qu'au mien, ayant honte d'aimer des choses très peu considérées ou même... d'en créer.

Le pire n'est peut-être pas les critiques. Le pire est que je les ai longtemps crues.

Chapitre 4
La confiance en soi

« Personne ne peut vous faire sentir inférieur sans votre consentement. »

C'est Eleanor Roosevelt, diplomate, militante et première dame des États-Unis de 1933 à 1945, qui aurait dit ça. Pour ma part, j'ai entendu cette phrase dans le film *The Princess Diaries* avec Anne Hathaway. Étant quelqu'un qui manque parfois de confiance en soi, j'ai cette phrase affichée dans mon bureau depuis des années, en guise de rappel quand j'en ressens le besoin.

Qu'est-ce qui nous amène à nous croire inférieur·e·s ? À croire ce qu'on dit sur nous ? À croire que nos choix, nos goûts, notre vision des choses sont invalides ? (Par exemple, pendant plusieurs années, je n'ai pas osé dire que j'aimais

The Princess Diaries, jugé très inférieur aux films équivalents associés aux garçons, alors que c'est un excellent divertissement. Maintenant je le crie haut et fort, personne ne peut m'en empêcher !)

Des recherches ont démontré que par le biais de divers contextes éducatifs, culturels et sociaux, les enfants intègrent les stéréotypes de genre avant cinq ans. Dès leur plus jeune âge, les filles grandissent avec l'idée qu'elles doivent valoriser les relations interpersonnelles, le soin aux autres, la sagesse, la modestie, la discrétion, la pudeur et l'effacement. À l'inverse, les garçons sont encouragés à faire preuve d'audace, d'affirmation de soi, de prise de risque, de confiance. Cette socialisation différente amène les filles à douter d'elles-mêmes dans les domaines académiques et professionnels, tandis que les garçons développent une plus grande confiance en leurs propres capacités.

À travers les époques, plusieurs femmes (que ce soit des chercheuses, philosophes ou écrivaines) se sont penchées sur ce sujet. En 1929, Virginia Woolf publiait un essai où elle réfléchissait à la place des femmes dans la société et dans les œuvres de fiction, et parlait de la difficulté de développer la confiance en soi quand on est constamment infériorisé·e·s, selon des critères aléatoires comme le genre : « La vie pour les gens des deux sexes est ardue, difficile, une lutte perpétuelle. Elle exige un courage et une force gigantesque. Et plus que toute autre chose peut-être, elle exige la confiance en soi. Sans cette confiance, nous sommes semblables à des bébés dans leurs berceaux. Et comment pouvons-nous faire naître cette qualité impondérable et cependant si précieuse ? En pensant que les autres sont inférieurs à nous. En sentant que nous avons quelques supériorités innées – la richesse, le rang social, un nez droit – car il n'est pas de limite aux pathétiques inventions de l'imagination humaine. »

Quelles sont ces inventions de l'imagination humaine qui nous poussent à penser que d'autres personnes sont supérieures à nous ? Plusieurs détails, souvent inconscients, comme la beauté, une situation sociale plus aisée, la popularité à l'école ou sur les réseaux sociaux, ou encore... le genre. Bref, des aspects qui sont extérieurs à nous, construits par la société, nous placent à un certain rang d'une hiérarchie.

Des études ont permis d'observer que dès l'enfance, les filles commencent à développer des croyances limitantes où elles cessent de penser qu'elles peuvent atteindre leurs rêves ou leurs ambitions. Ces croyances sont encore plus grandes chez les personnes racisées, ainsi que celles vivant dans un corps différent de ce qui est considéré comme la norme ou en situation de handicap, qui, en plus de devoir composer avec les stéréotypes de genre, font face à plusieurs autres défis et préjugés. C'est ce que certaines personnes appellent l'« inégalité du rêve ».

En 2017, des chercheuses en psychologie sont arrivées à la conclusion que les enfants ont tendance à associer le génie au genre masculin. Les filles se mettent donc à douter que les femmes puissent posséder une intelligence supérieure, ce qui les retarde dans la reconnaissance de leur plein potentiel. Ça les amène aussi à éviter de tenter leur chance dans certains domaines, allant parfois jusqu'à se voir comme des impostrices lorsqu'elles osent s'y aventurer.

Cette mauvaise conception du génie pousserait les filles à redoubler d'effort, tandis les gars auraient tendance à faire davantage confiance à leur talent naturel. S'il ne faut pas minimiser l'importance de l'effort, on peut affirmer que cette fausse croyance – que le génie est masculin – a un effet négatif autant chez les filles que chez les garçons, de différentes manières. Bien sûr, on ne peut pas mettre tout le monde dans le même panier, mais il est intéressant de noter cette tendance et de voir comment on peut tenter de s'y attaquer.

Justement... pourquoi le génie serait-il essentiellement masculin? Pourquoi a-t-on cette perception? Dans mon parcours scolaire, la seule femme qui m'a été présentée comme une génie est la physicienne et chimiste Marie Curie. Depuis, j'en ai découvert plusieurs autres par moi-même, absentes des livres d'histoire, à qui on tente de plus en plus de rendre leurs lettres de noblesse.

Ces réalités se reflètent également dans la fiction.

Au cinéma, par exemple, un garçon peut contempler les prouesses d'hommes diversifiés: explorateurs, aventuriers, scientifiques, *losers* sympathiques, héros, espions, conquérants. Ces films sont le plus souvent réalisés par des hommes. Ces réalisateurs gagnent des prix en grande majorité (comparativement aux femmes) et deviennent ceux que l'on considère le plus souvent comme des génies, ceux qui savent pondre des chefs-d'œuvre. Tandis que, dans ces fictions (considérées comme géniales-par-ces-génies), plusieurs personnes (des filles, des personnes marginalisées ou même des garçons qui répondent moins aux standards masculins) voient leurs semblables en moins grand nombre, dans des fonctions subalternes, utilitaires, parfois même humiliantes. Ça devient la norme. Au point où on en vient à ne plus le remarquer.

Même notre invisibilité semble invisible.

Et si on arrêtait de consentir à ces inventions de l'imagination humaine qui nous infériorisent, comme le suggérait Virginia Woolf… en 1929 ?

LE TEST DE BECHDEL

Ce test, que peu de films réussissent à passer, sert à mettre en évidence la sous-représentation des personnages féminins, souvent réduits à leurs histoires d'amour. Il comporte trois règles.

1.

Dans une histoire, il doit y avoir au moins deux personnages féminins.

2.

On doit connaître leur nom.

3.

Les héroïnes doivent parler entre elles d'autres choses que d'un garçon.

COMMENT ON PRONONCE BECHDEL ?

On dit « Bèkdelle » et non « Bèchedelle ».

D'OÙ VIENT LE TEST DE BECHDEL ?

Dans sa bande dessinée *Dykes to Watch Out For*, la bédéiste américaine Alison Bechdel a fait un *strip* intitulé *The Rules*, où elle et une amie parlent du fait qu'elles sont irritées de ne voir qu'une majorité de personnages masculins au cinéma et inventent ces trois règles. Bechdel a confié que c'est son amie Liz Wallace qui lui a inspiré le test, qui aurait elle-même été inspirée par les propos de Virginia Woolf dans le livre *Une chambre à soi*, où l'écrivaine déplorait déjà en 1929 un manque de représentation des femmes dans la fiction.

LES LIMITES DU TEST

Parfois, des fictions qui ne respectent pas le test de Bechdel mettent en scène un personnage féminin fort vraiment *badass* et d'autres le passent alors que les deux personnages féminins qui se parlent ne le font que pour s'insulter ou perpétuer des stéréotypes sexistes. Donc, c'est un outil imparfait, qui ne détermine pas si un film présente un point de vue féministe. Il faut l'utiliser seulement pour réaliser la surreprésentation des personnages masculins qui, puisqu'ils ont tellement plus de temps d'écran, peuvent avoir des champs d'intérêt vastes et des personnalités développées, comparativement aux personnages féminins qu'on n'aperçoit que quelques minutes et dont les champs d'intérêt sont souvent restreints à l'aspect romantique. Appelons ça la première étape d'une réflexion plus élaborée sur la représentation des femmes.

D'AUTRES UTILISATIONS POSSIBLES :

On peut appliquer les mêmes règles pour tous les personnages issus de communautés marginalisées.

D'AUTRES PETITS DÉTAILS À REMARQUER AU SUJET DES HÉROÏNES :

- **Est-ce que l'héroïne a une quête personnelle ?**
- **Est-ce qu'elle aide à faire avancer l'action ?**
- **Est-ce qu'elle ne sert qu'à faire valoir un personnage masculin ?**
- **Est-ce qu'elle se bat avec le même genre d'armes que le protagoniste masculin, ou doit-elle se contenter d'un objet domestique comme un poêlon ?**
- **Est-ce qu'elle bénéficie d'une armure de combat équivalente à celle du personnage masculin, ou la sienne ne sert-elle qu'à mettre en valeur son corps plutôt qu'à la protéger ?**
- **Est-ce que les filles ne sont dans l'histoire que pour être en rivalité entre elles ?**
- **Est-ce que l'héroïne doit renoncer à une part d'elle-même pour une relation amoureuse ?**
- **Est-ce qu'elle est objectifiée, c'est-à-dire réduite à un objet sexuel ou à ses attributs physiques sans qu'on tienne compte de ses pensées, de sa dignité ou du spectre complet de sa personnalité ?**

EST-CE QUE C'EST TROP DE QUESTIONS POUR DOC BROWN ?

Chapitre 5

Se sentir invisible

Les filles sont-elles les extraterrestres de cette planète? (Bon, cette question est exagérée, j'en conviens, et elle est peut-être légèrement nichée et autoréférentielle – clin d'œil, clin d'œil.)

Pourquoi les personnages masculins sont-ils plus nombreux? Pourquoi les personnages féminins ne s'adresseraient-ils qu'aux filles? Quel est le risque de laisser croire que les œuvres avec un héros masculin s'adressent à tous·tes mais que celles avec une héroïne ne s'adressent qu'aux filles?

Quand je parle du test de Bechdel, plusieurs personnes me répondent qu'elles n'avaient jamais remarqué que les fictions sont en grande majorité centrées sur des personnages masculins. Et une fois que ces personnes commencent à y prêter attention, elles ne peuvent plus faire autrement que de le voir.

D'autres pensent que j'exagère ou que c'est de la pure fabulation. Je me fais souvent nommer le contre-exemple. «Oui mais dans TEL film il y a une fille forte» revient souvent comme argument. Depuis 2023, c'est *Barbie* qu'on me donne en exemple. «Oui, mais *Barbie*, c'est plein de personnages féminins et c'est un grand succès!» BEN OUI, HEIN, TOUT EST RÉGLÉ! Pourtant, l'année où *Barbie* a enregistré le meilleur box-office, la plupart des autres films du top dix comportaient une majorité de personnages masculins (*The Super Mario Bros. Movie*, *Oppenheimer*, *Guardians of the Galaxy vol. 3*, *Fast X*, *Spider-Man: Across the Spider-Verse*...) et son succès est considéré comme une exception. Les studios hollywoodiens persistent à dire que pour attirer le public, ça prend des héros masculins, car c'est ce qui rapporte le plus d'argent à l'international et qu'une augmentation des productions du même genre que *Barbie* n'est pas envisagée. L'année suivante, même si une bonne partie des films du top dix comportait une large proportion de personnages masculins (*Gladiator II*, *Deadpool & Wolverine*, *Venom: The Last Dance*, *Bad Boys: Ride or Die*...), plusieurs films mettant de l'avant des personnages féminins dont *Wicked*, *Inside Out 2* ou encore *Moana 2* ont été d'immenses succès au box-office. Donc, non, «tout n'est pas réglé», mais il me semble que ça fait quelques «exceptions» qui remettent en question l'idée que les films avec des personnages féminins ne peuvent pas attirer un large public et que si on en faisait plus, le box-office serait plus varié et représentatif de ce phénomène.

Malgré tout, j'aime être optimiste et constater que les choses ont évolué. Si, historiquement, il y avait peu de personnages féminins dans les films américains, il y en a de plus en plus. On le doit en partie à l'actrice Geena Davis. En 2004, elle avait remarqué l'absence des femmes dans les fictions et s'était demandé quel impact ça pouvait avoir sur sa fille. Quand Geena Davis a fait cette observation, seulement 11 % des films avaient un personnage principal féminin. Pourtant, lorsqu'elle en parlait, les gens ne la croyaient pas. Comme on l'obstinait sur les chiffres, l'actrice a décidé de mettre sur pied une fondation, The Geena Davis Institute on Gender in Media, dont les fonds servent à mener des recherches sur le sujet afin d'obtenir les statistiques nécessaires pour pouvoir avancer des arguments solides. Dans le documentaire *Miss Representation*, où elle parle de sa cause, elle se pose la question suivante: « Si les jeunes filles ne peuvent se voir comme héroïnes dans les histoires, peuvent-elles se projeter dans des rôles importants dans leur vie? » Pour elle, la réponse est claire (c'est « non », au cas où ça prendrait des précisions). Depuis quelques années, l'actrice rencontre les studios, chiffres et études à l'appui, pour réclamer plus de parité devant et derrière l'écran. Elle revendique également plus de représentativité pour l'ethnicité, les communautés LGBTQ+, la diversité corporelle et les handicaps. « Il y a beaucoup d'inégalités dans le monde, mais dans les médias, on a le pouvoir de faire une différence », explique-t-elle sur son site web.

Qui est
Geena Davis ?

Actrice, scénariste, productrice et présidente d'une fondation pour une représentation inclusive dans les divertissements.

Films notables :

Beetlejuice, *Thelma and Louise* et *A League of Their Own*.

Fun fact :

Elle a remporté de nombreux prix dont un Oscar.

Fun fact n° 2 :

Le film *A League of Their Own*, de la réalisatrice Penny Marshall, inspiré de faits réels, raconte l'histoire d'une ligue amateure de baseball féminin dans les années 1940. À sa sortie en 1992, il a fait sensation au box-office. À l'époque, on a considéré ça... comme une exception.

Slogan de sa fondation :

« *If they can see it, they can be it!* »
(Si elles peuvent le voir, elles peuvent l'être !)

ELLE A REMPORTÉ DE NOMBREUX PRIX DONT UN OSCAR.
« IF THEY CAN SEE IT, THEY CAN BE IT ! »
C'EST UNE VRAIE HÉROÏNE !
GEENA DAVIS

Les recherches de sa fondation ont démontré que les films plus paritaires généraient 38,1% de plus en recettes au box-office. Et les films qui intègrent des personnages issus de la diversité génèrent 60,5% de plus. Donc, l'idée selon laquelle ça prend une majorité de personnages masculins pour attirer le grand public n'est plus si vraie.

On pourrait penser que puisque ces chiffres proviennent des États-Unis, ils ne nous concernent pas. Mais nous sommes envahi·e·s par la culture américaine, que ce soit par les films, les séries télé ou la musique. On ne peut donc passer sous silence son influence. Mais ici, au Québec, est-ce si différent? Un regroupement, les Réalisatrices équitables, mène des études similaires à celles de l'institut de Geena Davis. Et bien qu'il possède moins de moyens, on remarque sur son site que les résultats de ses recherches sont équivalents.

Les filles apprennent très tôt à ne pas se voir, que ce soit au cinéma, dans les sports, en politique, à la tête de grandes compagnies ou même dans l'Histoire.

Quel est l'impact sur l'estime de soi des filles de se voir si peu, ou de voir constamment des femmes – qu'elles soient artistes, politiciennes ou autre – ainsi que tout ce qui est associé au féminin être critiqués, dénigrés? Je brûle d'y répondre tout de suite, mais je ne peux pas, car 1) je dois élaborer ma réflexion et 2) le livre serait TRÈS COURT!!!

Parlant du succès de *Barbie*...

Plusieurs personnes sur les réseaux sociaux exprimaient que *Barbie* n'était pas un bon film ou qu'il ne présentait pas le bon féminisme (sans le replacer dans le contexte global du cinéma, où les femmes sont quasi absentes...). D'autres critiquaient que le pauvre Ken était malmené (sans non plus tenir compte du fait qu'il avait une courbe dramatique plus intéressante que la plupart des personnages féminins des films sortis la même année...). On n'est pas obligé·e·s d'aimer *Barbie*, et chacun·e peut le critiquer à sa guise, mais je trouve dommage d'exiger la quasi-perfection des films créés par des femmes, mettant en vedette des personnages féminins, comportant un message social important inséré dans un divertissement. Je n'ai pas vu autant de débats autour de *The Super Mario Bros. Movie*, sorti la même année. Chez nous, il a été le champion au box-office (et non *Barbie*, comme dans le reste du monde). *The Super Mario Bros. Movie* a reçu d'excellentes critiques. Personne n'est monté aux barricades pour la princesse Peach, le seul personnage féminin du film, réduite à un rôle accessoire dans l'intrigue (alors que Ken, que plusieurs personnes ont défendu, avait plus de complexité dramatique).

On en veut plus !

Quand moins d'œuvres nous représentent, ça met beaucoup de pression sur une œuvre qui s'y risque. Étant une exception, elle ne parvient pas à refléter toutes les nuances des personnes d'un même groupe, qui ne sont pas exactement pareilles et ne s'y reconnaissent pas toujours. Et il arrive qu'elle soit critiquée par les personnes qu'elle tente de représenter. C'est pourquoi il faut plus d'œuvres représentatives de diverses personnes. Ainsi, les petits détails passeront plus inaperçus, comme c'est déjà le cas pour la représentation des groupes dominants. En attendant, on peut faire preuve d'indulgence. Un seul film ne peut réparer des années d'invisibilisation, mais on peut considérer ça comme un pas dans la bonne direction. Et surtout, soulignons les bons côtés des films qui tentent d'être plus inclusifs et intéressons-nous à eux. C'est la seule façon qu'il y en ait plus !

C'est quoi le problème ?

Pourquoi demander une représentation plus diversifiée dans la fiction, qu'il s'agisse des femmes, de personnes racisées, vivant dans un corps différent de ce qui est considéré comme la norme, en situation de handicap ou issues de la communauté LGBTQ+ ?

Certaines personnes vivent au quotidien des discriminations qui leur laissent croire qu'elles sont inférieures. En se sentant invisibilisées, ces personnes peuvent en venir à croire qu'elles n'ont leur place nulle part. Tandis que lorsqu'elles sont représentées par des stéréotypes, elles peuvent intégrer inconsciemment ces perceptions négatives, ce qui peut entraîner de nombreuses conséquences, comme une perte de confiance en soi, des idées noires, une attitude discriminante à l'égard des autres, etc. Lorsque ces stéréotypes se retrouvent en plus dans la culture populaire, ces personnes, qui vivent déjà des préjugés au quotidien, subissent encore une fois une forme de violence, alors que ces divertissements sont censés être un exutoire.

Un peu d'histoire

Au 19e siècle, le théâtre québécois (qu'on appelait à l'époque « canadien-français ») était écrit majoritairement par des hommes, et les personnages qu'on y retrouvait étaient majoritairement masculins. Seules deux femmes, Laure Conan et Joséphine Dandurand, ont écrit des pièces de théâtre mettant de l'avant des personnages féminins. L'univers dramatique de cette époque était donc essentiellement masculin. Dans un article intitulé « Laure Conan : Un théâtre féminin au 19e siècle », Marilyn Baszczynski évoque plusieurs raisons possibles de l'absence de personnages féminins. Elle mentionne notamment le rôle inférieur des femmes dans la société à cette époque. De plus, les femmes n'avaient pas la possibilité de jouer au théâtre, ce qui obligeait les hommes à se déguiser en femmes, une pratique auparavant appelée « se travestir », que le clergé considérait comme néfaste.

Ça date de loin tout ça, non ?

Toutes les formes d'inégalités, qu'il s'agisse de sexisme, de transphobie, d'homophobie, de racisme, de capacitisme, de grossophobie, etc., sont liées depuis longtemps, et les luttes pour les combattre devraient être menées de front.

On est plus fort•e•s ensemble !

Chapitre 6

Au moins une

Quand j'étais petite, j'avais une fascination pour les films de *Star Wars* (épisodes IV, V et VI, les seuls qui existaient à l'époque). Je n'étais pas différente des autres, c'est une trilogie marquante de mon enfance, fondatrice de mon imaginaire. Comme tous·tes les enfants de mon âge, je voulais inventer de nouvelles aventures en incarnant les personnages. Particulièrement un : Leia. Même si avec du recul, je constate que Leia n'a pas l'importance que je lui accordais dans l'histoire, c'est un personnage que j'aimais parce qu'elle avait une forte personnalité, et qu'elle était rebelle, guerrière. Ce genre de personnage féminin était rare. Nous avions toutes envie d'être Leia. Nous voulions nous déguiser avec des vêtements comme les siens. Nous imitions sa coiffure. Nous la citions. Dans nos jeux imaginaires, elle prenait encore plus de place que dans les films et elle avait ses propres aventures. Mais petit problème : on ne pouvait pas toutes être Leia. Nous étions cinq amies. Et il n'y avait qu'un seul personnage féminin. Ça dégénérait donc souvent en conflits. Parfois, des parents étaient obligés d'intervenir pour mettre fin aux hostilités dans cette guerre de l'étoile Leia.

Aujourd'hui, avec le recul, je ressens beaucoup d'empathie et de tendresse pour ces petites filles que nous étions, ayant intégré dès l'enfance que nous devions nous entre-déchirer pour être l'élue. Rapidement, nous avons appris que pour être le (seul) personnage principal féminin, il fallait se battre ou s'en remettre sagement soit à des critères aléatoires, soit à un tirage au sort organisé par une autorité supérieure voulant ramener un peu d'harmonie.

J'ai honte de l'avouer, mais j'ai longtemps considéré les autres filles comme des rivales.

Il a suffi d'un simple moment pour que ma perception change. Je devais avoir une vingtaine d'années et je rêvais d'être chroniqueuse à la télé. Je passais des auditions, mais je n'étais jamais choisie. Je regardais les autres filles et je les trouvais si belles et talentueuses que ça me faisait remettre en question ma capacité de me démarquer. L'une d'entre elles, en particulier, était souvent la favorite. Elle décrochait toutes les auditions ! Je me demandais ce qu'elle avait de plus que les autres. Je l'enviais. Un jour, je l'ai croisée dans les corridors d'un magazine où je travaillais. J'admets que la pensée que j'allais peut-être perdre des contrats et que c'est encore elle qui récolterait tout m'a momentanément traversé l'esprit. Mais lorsqu'on nous a présentées, elle était si gentille que mes émotions négatives se sont envolées. Je l'ai complimentée pour ses chroniques et je lui ai avoué que je passais les mêmes auditions qu'elle, sans succès. Spontanément, elle a proposé de m'aider pour les prochaines auditions. J'étais complètement désarçonnée par son geste. En un instant, dans ma tête, nous sommes passées de rivales à complices. Et j'ai voulu par la suite m'inspirer d'elle et aider les autres moi aussi. Mais je me sentais coupable, je me suis demandé ce qui m'avait instinctivement poussée à la percevoir comme une menace plutôt que comme une alliée.

Elle vient de loin, cette croyance que nous devons lutter les unes contre les autres pour nous disputer le peu de place qu'on nous accorde. Et que celle qui se hissera au sommet sera l'« exception ».

« Notre place dans la société est plus précaire, moins valorisée. Nous n'avons pas été invitées à la table du pouvoir et les places pour les femmes sont plus rares, plus chères », avancent Élisabeth Cadoche et Anne de Montarlot, autrices du livre *En finir avec la rivalité féminine* dans un article du magazine *Elle* intitulé « Rivalités féminines, décryptage d'un cliché tenace », pour expliquer ce sentiment partagé par plusieurs. Si cette concurrence tire en partie ses racines dans l'histoire, où les femmes devaient rivaliser pour obtenir un « bon mariage » (cette fameuse course au prince charmant), et dans les opportunités professionnelles limitées (en termes d'espace accordé, d'écart salarial, de difficulté à obtenir des promotions ou encore d'obligations familiales), elle est aussi alimentée par la culture.

Je reviens donc sur ces fameux arguments quand on parle de personnages féminins en fiction: « Il y en avait au moins une ! », « Elle est importante ! » ou « Elle est forte ! ». Même de très jeunes enfants me lancent ces justifications quand je leur parle du peu de personnages féminins, en me donnant comme exemple l'émission *La Pat'Patrouille*, où il y a un personnage féminin important (même si elle est seule dans le groupe de six personnages principaux). Comme si, rapidement, on intégrait que peu importe le nombre de personnages féminins, l'important c'est qu'il y en ait au moins un. Et qu'il soit à tout le moins « fort ». On en retient que ce serait tout à fait acceptable et qu'on devrait s'en contenter. (Un autre truc que j'entends comme « chut, chut, chut » !)

Le fait de ne voir qu'une fille dans un groupe de garçons en fiction a été nommé « Le syndrome de la Schtroumpfette » dans *The New York Times* en 1991, par l'essayiste féministe Katha Pollitt. Elle a écrit un article où elle prenait en exemple la bande dessinée *Les Schtroumpfs*, de Peyo, où plusieurs Schtroumpfs sont nommés selon leur caractéristique principale, « À lunettes », « Chantant », « Bricoleur », « Farceur », « Gentil », « Coquet », etc., alors qu'il n'y a qu'une Schtroumpfette et qu'elle n'a aucune caractéristique particulière sinon celle de susciter l'affection des Schtroumpfs. Cette observation servait à démontrer qu'il était très répandu que les histoires présentent un nombre important de personnages masculins mais seulement un personnage féminin. Elle écrivait: « Le message est clair. Les garçons sont la norme, les filles la variation; les garçons sont centraux quand les filles sont à la périphérie; les garçons sont des individus alors que les filles sont des stéréotypes. Les garçons définissent le groupe, son histoire et ses valeurs. Les filles existent seulement dans leur relation aux garçons. »

Le fait de voir à répétition ce personnage « unique » renforce l'impression que les filles sont en compétition entre elles pour faire partie du groupe. Et alors que les garçons peuvent avoir le spectre complet d'alliés et de rivaux, les filles ont l'habitude de voir qu'il n'y a qu'une place et qu'elles devront rivaliser entre elles pour être LA choisie.

LES MEAN GIRLS

Les filles peuvent faire preuve de violence entre elles. On les surnomme parfois les «*mean girls*» (qu'on pourrait traduire par «méchantes filles»). L'actrice et scénariste Tina Fey s'est inspirée de cette expression pour écrire la comédie *Mean Girls* (*Méchantes ados*), sortie en 2004, adaptée en comédie musicale en 2018 et qui a fait l'objet d'un remake en 2024. Ce film est ingénieux parce qu'il expose ce phénomène tout en offrant une réflexion avec beaucoup d'humour. Mais dans la plupart des fictions, les *mean girls* n'ont pas une courbe dramatique aussi élaborée et ne sont pas aussi drôles et sympathiques. Elles sont surtout présentes pour tourmenter le personnage principal.

Il est intéressant de noter qu'il n'existe pas de surnom équivalent pour les garçons lorsqu'ils sont méchants ou violents entre eux. Pourtant, des études montrent que les garçons sont plus à risque d'être intimidés et de devenir intimidateurs que les filles.

On entend souvent: «les filles sont plus méchantes entre elles». Comme si la plus grande menace pour les filles était... les autres filles. Mais les statistiques ne soutiennent pas cette croyance. Il s'agit plutôt d'une idée insidieuse qui alimente la méfiance et la division entre les femmes. Dans un article intitulé «La méchanceté des femmes», l'autrice féministe Kim Lévesque-Lizotte nous rappelle avec justesse que les hommes n'ont pas le monopole de la violence. Mais elle pense que la violence des femmes nous surprend davantage parce qu'on s'attend à ce qu'elles soient douces, empathiques, bienveillantes. L'autrice se demande d'où vient la violence des femmes et réfléchit elle aussi à cette rivalité qui viendrait «peut-être du fait qu'on est éduquées pour plaire, pour se démarquer les unes des autres, et qu'on se fait valoriser quand on sort du lot, quand on est choisie, quand on est celle qui rayonne ou qui performe».

Des études menées sur des adolescentes ont permis de mettre en lumière qu'outre des facteurs familiaux ou de santé qui pourraient prédisposer à la violence, les filles peuvent être méchantes avec les autres pour tenter de s'élever dans la hiérarchie sociale. Dans la publication «Les filles agressives», du Centre national d'information sur la violence dans la famille de Santé Canada, on explique que «les filles agressives et violentes ont tendance à attaquer les filles qu'elles perçoivent comme étant en compétition avec elles pour l'attention masculine et à maintenir des liens sociaux avec les pairs qui peuvent, selon elles, les aider à remporter la "victoire" et que ces filles ont intériorisé les préjugés nourris à l'endroit des femmes dans la société. Comme toutes les personnes opprimées, elles retournent contre les autres membres du groupe les sentiments de mépris envers elles-mêmes pour s'affirmer et attirer, par la même occasion, l'attention du groupe dominant – les garçons».

Kim Lévesque-Lizotte, quant à elle, conclut son article en nous invitant à renverser cette dynamique pour mieux nous soutenir mutuellement: «Je nous supplie de nous rappeler que c'est ensemble, et non les unes contre les autres, qu'on fera des petits pas vers une société qui nous considère comme les égales de l'autre, aussi imparfaites que nous soyons.»

POURQUOI ÊTES-VOUS VIOLENTES ?

ÉCRASER LES AUTRES EST LE SEUL MOYEN D'OBTENIR DU POUVOIR !

Petit répertoire D'ÉLUES dans les films

*Je ne donne pas d'exemples pour que tu puisses t'amuser à les repérer par toi-même!

L'intérêt romantique

Elle peut être indépendante, douce, populaire ou réservée, peu importe, on ne la connaît pas au-delà de l'intérêt «romantique» que le héros lui porte. Parfois elle est déjà amoureuse du héros, parfois elle ne s'intéresse pas à lui et changera d'avis en cours de route, mais la plupart du temps elle devient en quelque sorte la récompense du héros lorsqu'il complète sa mission. Elle sert principalement à motiver le protagoniste masculin, plutôt qu'à être un personnage autonome avec ses propres aspirations et complexités. Lorsqu'une suite est prévue à l'histoire, l'intérêt romantique est interchangeable.

Le problème n'est pas d'être l'intérêt romantique de quelqu'un dans la vraie vie. Le problème est davantage de réduire les filles à ce rôle ou de laisser l'impression que les garçons méritent l'intérêt des filles à coups d'exploits héroïques.

Pas comme les autres filles

Plus communément nommée en anglais «*Not like the other girls*», c'est une héroïne que les personnages masculins de l'histoire aiment, car elle se distingue des autres filles, qui sont présentées comme superficielles et «girly» alors qu'elle, au contraire, a des champs d'intérêt se rapprochant plus de ceux associés aux garçons, donc considérés comme plus «cool». Par exemple, elle peut s'intéresser davantage aux sports ou aux jeux vidéo qu'aux vêtements et à la danse. Elle est souvent plus intelligente et «authentique» (selon leur point de vue, qui n'est pas objectif) et donc plus intéressante aux yeux des gars. Elle est «one of the boys», la position qui serait la plus enviable pour une fille, les groupes féminins étant au second plan.

! Il n'y a rien de mal à s'intéresser à des sujets qu'on associe davantage aux garçons dans la vraie vie. Tout le monde a le droit à ses goûts et sa personnalité! Le problème est que les fictions qui utilisent ce stéréotype laissent comme impression que les champs d'intérêt associés aux filles sont plus superficiels, ce qui nourrit l'idée qu'être une fille ou une fille «girly», c'est négatif et donc que les filles sont moins intéressantes que les garçons.

La fille d'à côté

Ce personnage, qu'on appelle en anglais la «*girl next door*», est celui d'une fille assez effacée et timide, qui est la voisine ou l'amie d'enfance du personnage principal. Elle symbolise la normalité et le confort du quotidien. Elle est considérée comme plus facile d'approche qu'une fille jugée trop sexy, mais moins intéressante romantiquement, car elle est perçue comme étant plus ordinaire ou peu attirante et représentant moins un «défi» pour le héros. Donc elle sera reléguée au rôle d'amie et va souvent devoir subir un changement de look (comme enlever ses lunettes ouuuuuh) pour être remarquée par les garçons. Une fois que tous les regards sont posés sur elle, elle devient soudainement digne d'intérêt.

Ce stéréotype suggère que lorsqu'une fille n'entre pas dans les standards de beauté ou qu'elle ne met pas en valeur sa sexualité, elle n'est pas intéressante. Ça peut exercer une forte pression sur les filles pour se conformer aux standards de beauté.

La *manic pixie dream girl*

C'est une fille excentrique, fantaisiste, à la personnalité pétillante, parfois un peu enfantine, que le scénario confine à une seule mission : aider le héros à se sortir d'une humeur triste ou dépressive. Elle va donc écouter le héros, lui faire découvrir des activités hors du commun, de nouveaux champs d'intérêt et, à travers tout ça, elle va l'inspirer à reprendre goût à la vie. Son personnage n'évolue jamais mais permet au héros d'évoluer.

Dans les fictions, ce personnage n'a pas d'histoire et n'existe que pour servir l'arc narratif du personnage masculin. Il n'y a rien de mal à être pétillante ou excentrique dans la vraie vie, car toutes les filles ont leur propre histoire !

L'accumulation des termes « *manic* » (excentrique, hyperactive), « *pixie* » (fée, magique, mystique), « *dream* » (idéale) montre à quel point c'est un personnage fantasmé qui ne peut exister dans la réalité. Ça peut créer l'attente chez les garçons qu'une fille provoque une exaltation quotidienne (ce qui est inatteignable) et ainsi mettre sur les filles la pression de devoir représenter un idéal.

Malheureusement, ce stéréotype a créé une insulte sexiste où des filles fantaisistes à la personnalité pétillante ont commencé à se faire traiter (négativement) dans la vraie vie de « *manic pixie dream girls* ». Il est important de réfléchir aux représentations sans les transformer en jugements réducteurs ou blessants à l'égard des personnes.

La femme fatale

C'est une fille très sexualisée, portant (entre autres) des décolletés plongeants et des talons hauts, qui, par le biais de la séduction, va mettre le héros en danger. Elle est souvent brillante mais surtout une menace, autant pour les personnages masculins que féminins.

Est-ce grave d'être une fille sexy dans la vraie vie ? NON ! Le problème est lorsqu'on voit de façon répétitive un personnage arriver à ses fins par la séduction. Ça peut mener à se méfier des filles qui choisissent ce look ou à les prendre moins au sérieux.

La demoiselle en détresse

C'est une fille dans une situation dangereuse ou nécessitant d'être sauvée, généralement par le héros. Dépeinte comme vulnérable, passive et incapable de se défendre par elle-même, c'est une victime impuissante, inapte à résoudre ses propres problèmes.

Bien sûr, dans la réalité, il arrive aux filles d'être dans une situation de danger et d'avoir besoin d'aide. Mais il arrive aussi à des filles de sauver les autres ! Ce stéréotype de demoiselle en détresse perpétue l'idée que le héros masculin est chevaleresque et protecteur tandis que le personnage féminin est passif et dépendant.

La parfaite

Elle sait tout, se bat mieux que tout le monde, comprend plus vite que les autres et est (presque) sans faille. Bref, elle est parfaite. Elle a tous les outils pour résoudre l'intrigue… mais les donne au héros, qui est souvent présenté comme un « élu » par une ancienne prophétie ou autre règle immuable (et donc qui ne peut être changée). Cette héroïne se retrouve automatiquement dans un rôle de subalterne et doit faire preuve d'abnégation au profit d'un garçon.

Être forte, instruite, savoir se battre dans la vraie vie n'a rien de mal. Au contraire ! Mais ce stéréotype en fiction peut donner l'impression que les positions de pouvoir ne sont accessibles qu'aux garçons. Et surtout, que pour s'élever dans un rôle équivalent à celui d'un garçon, il faut être sans faille.

La mère

Elle est tantôt dévouée, tantôt aimante, tantôt exubérante, tantôt contrôlante. Ce personnage est limité à son rôle de mère et à son impact (positif ou négatif) dans la vie du héros, l'enfermant dans un modèle traditionnel et en négligeant d'autres aspects de sa personnalité ou de sa vie.

L'idée n'est pas de critiquer le rôle de mère dans la vie, mais plutôt le fait qu'on réduise certains personnages féminins à ce seul rôle.

Le risque est de ne voir les filles que sous ce prisme.

ATTENTION
ATTENTION
ATTENTION
!!!!!!!!!!!!!!

✦ L'existence de ces personnages n'est pas grave en soi…

Parfois ces héroïnes peuvent être très utiles à l'histoire et au développement de l'intrigue. D'ailleurs, les personnages masculins aussi ont leurs stéréotypes. La différence, c'est qu'eux sont rarement seuls : ils sont souvent plusieurs dans le *même* film, ce qui permet une certaine diversité dans leurs rôles et personnalités.

Il faut aussi distinguer les personnages féminins purement stéréotypés de ceux qui, bien que complexes et dotés de multiples qualités et défauts, intègrent certains stéréotypes sans que ceux-ci définissent entièrement leur arc narratif.

Ce qui devient préoccupant, c'est lorsqu'un seul personnage féminin est présent dans un groupe, que sa personnalité est unidimensionnelle, et que son existence ne sert qu'à l'évolution d'un personnage masculin.

Le but n'est pas de ne pas aimer ces personnages féminins stéréotypés (ils sont si peu à nous représenter !). Donnons-leur plutôt beaucoup d'amour ! On a déjà trop de raisons d'en venir à détester ce qui représente les filles qu'on ne va pas en créer plus ! Le but de remarquer les stéréotypes est de prendre conscience des représentations simplifiées et réductrices qui peuvent influencer nos perceptions et d'y réfléchir, mais surtout pas d'arrêter d'aimer des personnages ou des films qui les mettent (parfois inconsciemment) de l'avant.

Ces personnages stéréotypés sont majoritairement blancs, jeunes et généralement dans les standards de beauté. Lorsque des personnages sont incarnés par des interprètes qui ne correspondent pas à ces critères, ils sont souvent secondaires, antagonistes et très rarement au cœur de l'action. Bref, ça prend plus de personnages féminins diversifiés !

ET LES GARÇONS DANS TOUT ÇA ?

Parlons un peu des gars ! Car ils sont essentiels dans l'équation, et que même s'ils ont la chance de pouvoir compter sur une représentation diversifiée, celle-ci véhicule aussi des stéréotypes qui peuvent avoir un impact sur eux.

Remontons un peu dans le temps…

En 1978, quand l'acteur Christopher Reeve a été invité à auditionner pour le rôle de Superman, il ne croyait pas en ses chances. Comme il était peu musclé, il se disait qu'il ne serait certainement pas choisi pour incarner un surhomme venu d'une autre planète. Il a décidé de tenter une autre approche, celle de présenter un personnage plus vulnérable. « Vers la fin des années 1970, l'image de la masculinité avait évolué. C'était acceptable pour un homme de montrer de la tendresse, de la vulnérabilité. Je me disais que ce nouveau Superman pouvait présenter une image plus contemporaine d'un homme », a-t-il raconté dans sa biographie.

En 1978, selon un jeune acteur de 24 ans, le monde avait assez évolué pour présenter un Superman, le surhomme suprême, avec plus de complexité émotive. Le film fut un immense succès au box-office !

Est-ce qu'on a avancé ? Un peu mais pas tant que ça. Étant donné que les garçons ont accès à une grande variété de personnages au sein d'un même film, ils ont plus d'opportunités de se voir à l'écran dans différents rôles. Malgré tout, l'image du héros qui est valorisée est encore assez traditionnelle. Il doit être viril, musclé, confiant, grand, fort, dominant, invincible, faire des bonnes blagues, et réussir où tous les autres ont échoué.

Ces caractéristiques emprisonnent les garçons dans un modèle très restrictif. Ceux qui ne les possèdent pas peuvent même se sentir inadéquats. Lorsqu'ils n'entrent pas dans ce moule, ils sont moins considérés par les autres et fréquemment la cible d'insultes. Ils se pensent moins attrayants pour les filles et sont parfois même rejetés par les autres garçons. Ce qui peut les amener à ressentir une pression de se conformer à des idéaux masculins irréalistes et souvent inaccessibles, au point de nuire à leur bien-être et à leur estime de soi.

Au fond, une plus grande diversité de modèles est positive pour tout le monde !

Chapitre 7

Des affaires de filles, partie 1

As-tu déjà entendu « c'est des affaires de filles » ou encore « c'est girly », comme si c'était des défauts ? Par contre, c'est rare qu'on entend la même chose du côté des garçons. On va rarement rabaisser un divertissement en disant « c'est boysy » ou entendre « c'est des affaires de gars » comme si c'était une mauvaise chose. Ce constat renforce l'idée que ce qui est généralement associé au féminin est perçu comme moins intéressant, moins valorisé, moins ingénieux, moins universel. C'est valable autant du côté des livres, des films, des personnages... que des couleurs !

J'ai envie de raconter deux histoires de jouets (pas le film avec Woody et Buzz, là, une histoire de la vraie vie !), celles de Barbie et de G.I. Joe.

Lorsque la poupée Barbie a été lancée en 1959, sa créatrice et cofondatrice de la compagnie Mattel, Ruth Handler, voyait que son garçon avait une gamme de jouets diversifiés, et désirait que sa fille puisse jouer avec autre chose que des bébés pour qu'elle puisse se projeter dans un autre rôle que celui de maman. « Ma philosophie était que par cette poupée, les petites filles puissent croire qu'elles peuvent être ce qu'elles veulent. Barbie a toujours représenté pour moi le fait que les femmes ont des choix », a-t-elle affirmé. Dès sa création, Barbie a incarné plusieurs carrières dont celle marquante d'astronaute, en 1965. Depuis, elle s'est vu attribuer plus de 250 métiers, permettant aux petites filles, peu représentées dans certains rôles, de se projeter dans des carrières, même à des époques où il était peu envisageable pour elles de les exercer.

Dès sa sortie, la poupée a été critiquée pour les standards de beauté inatteignables qu'elle véhiculait : blonde aux yeux bleus aux mensurations irréalistes. Ces critiques étaient légitimes et les fabricant·e·s ont commencé à imaginer des changements. En 1960, une employée de Mattel, Beulah Mae Mitchell, appuyée par d'autres collègues, a suggéré à Ruth Handler de créer une poupée noire pour que les petites filles de sa communauté puissent jouer avec des personnages qui leur ressemblent. C'est ainsi que sont nées en 1967 et 1968 les amies de Barbie, Francie et Christie. Ensuite, en 1980, la designer Kitty Black Perkins a créé la première Barbie noire officielle. Pendant cette décennie, la poupée s'est davantage diversifiée en termes d'apparence. Alors que pendant quelques années, les poupées diversifiées portaient d'autres prénoms et étaient « les amies de Barbie » (donc des personnages secondaires), les nouvelles créations, peu importe leurs différences avec la poupée d'origine, sont toutes devenues « Barbie » (le personnage principal). En 2016, face aux critiques de plus en plus grandissantes sur les standards de beauté imposés par sa poupée, la compagnie Mattel a créé une ligne de Barbie avec des silhouettes différentes, avec une prothèse de jambe, en fauteuil roulant, sans cheveux, avec un appareil auditif, avec le vitiligo, etc. En 2022, la compagnie a lancé la première Barbie transgenre, inspirée par l'actrice Laverne Cox. En 2024, on a accueilli la Barbie non-voyante. Aujourd'hui, la poupée présente plus de 35 couleurs de peau, 9 formes de corps et diverses réalités, comme le syndrome de Down.

Bref, Barbie, que de nombreuses petites filles aiment pour différentes raisons (moi, c'était parce qu'elle me permettait de créer des histoires avec des personnages variés), a souvent fait l'objet de critiques. Certaines étaient tout à fait justifiées, comme celle de dénoncer la commercialisation d'accessoires incitant aux troubles alimentaires, avec par exemple des livres miniatures portant le titre « Ne mange pas » et « Comment perdre du poids », ou encore avec cette balance qui affichait perpétuellement un poids de cent-dix livres, bien en dessous des moyennes pour une femme adulte d'un mètre soixante-quinze comme Barbie. Il était également important de s'interroger sur la Barbie parlante qui disait: « *Math class is tough* », ce qui était assez incohérent pour une compagnie qui se targue depuis toujours d'être un modèle inspirant pour les jeunes filles.

Au fil des années, Barbie s'est toutefois ajustée pour représenter une plus grande diversité humaine. Malgré ces efforts, elle continue d'être critiquée et est encore perçue par plusieurs comme un mauvais modèle.

Rapidement dans leur vie, probablement à cause de ces critiques ou encore parce qu'on juge ce jeu enfantin, les filles apprennent à cacher qu'elles jouent à la Barbie passé un certain âge, ressentant un certain sentiment de honte à l'aimer. C'est d'ailleurs en partie ce qui a suscité un si grand intérêt pour le film *Barbie*, en 2023, plusieurs spectatrices exprimant qu'elles pouvaient enfin déclarer fièrement et publiquement leur amour à leur poupée d'enfance.

Face à toutes les critiques que suscite cette poupée depuis sa création, je me suis penchée sur ses équivalents masculins.

C'est en 1964 qu'a été lancé le premier G.I. Joe, qu'on pourrait décrire comme une poupée représentant un homme militaire. Mais le terme « poupée » a été rejeté parce que « les garçons ne jouent pas avec les poupées ». Les compagnies de jouets ont bien compris que ce qui s'adresse aux garçons devait être plus « cool » (car ce qui est féminin n'est pas cool, non, BEURK). En réunion de marketing, on a alors inventé le terme « *action figure* » pour que les garçons soient plus attirés.

C'est curieux qu'on les décrive comme des figurines **actives** ou qu'on « met en action », comme si les enfants qui jouaient aux Barbie les gardaient immobiles.

Dans la bande dessinée *The He-Man Effect: How American Toymakers Sold You Your Childhood*, on raconte qu'après le succès de ces poupées (oups «*action figure*», mon erreur) inspirées par des militaires, les fabricants de jouets ont voulu pousser la note un peu plus loin et créer des «figurines» qui représentaient des surhommes, dont les corps étaient inspirés par la culture du *body-building*. C'est ainsi qu'est né entre autres le personnage He-Man dans les années 1980. On raconte que la plupart des figurines qui ont suivi étaient créées avec ce même moule.

PLUSIEURS PERSONNAGES.

MASCULINS.

BÂTIS AVEC LE MÊME MOULE.

CELUI D'UN IDÉAL MASCULIN.

Ça n'a fait aucun scandale. D'ailleurs, toutes les figurines de personnages masculins qui ne présentaient pas ce corps idéal musclé (comme par exemple les figurines de *Star Wars*) étaient considérées comme moins « masculines » et étaient ridiculisées. Donc peu à peu, le corps des figurines représentant des héros masculins a été ajusté selon ce modèle.

Encore à ce jour, Barbie suscite des critiques pour l'idéal féminin qu'elle incarne. Pendant ce temps, la plupart des figurines de superhéros se ressemblent. J'ai cherché des critiques sur les standards de beauté imposés aux garçons et je n'en ai trouvé que très peu. Il y a bel et bien des recherches universitaires sur le sujet, mais elles sont rarement médiatisées, les jouets associés aux garçons suscitant surtout des critiques au niveau de leur violence. Ne s'inquiète-t-on pas de l'influence que pourraient avoir ces corps musclés et idéalisés chez les garçons ? Pourtant, ça devrait avoir le même effet négatif chez l'une que chez l'autre, non ? Et pendant que la poupée féminine s'ajuste et tente d'être plus représentative, plus inclusive, la poupée masculine reste la même. Les garçons sont soumis aux mêmes standards élevés de se conformer à un seul modèle d'homme, et encouragés à ne jamais aimer ce qui s'approche de près ou de loin à quelque chose d'associé au féminin, comme un corps moins musclé, des vêtements plus colorés ou encore… des émotions.

Évidemment, on ne voudrait pas que Barbie soit le seul modèle féminin, et c'est la raison pour laquelle il est important de réclamer une plus grande diversité. Mais parfois je me demande pourquoi cette poupée est aussi critiquée pour ce que son corps pourrait représenter comme idéal de beauté irréaliste alors que les figurines masculines le sont rarement? Considère-t-on comme moins grave que les garçons soient emprisonnés dans un certain modèle?

TON CORPS EST IRRÉALISTE !

(Pas tant) fun fact

He-Man a perdu en popularité en 1987 lorsque les filles ont commencé à l'aimer et à vouloir jouer avec lui. Les garçons le trouvaient soudainement moins intéressant. Aussi, il y a eu énormément de compétition sur le marché des figurines de personnages masculins comme les *Tortues Ninja*, les *Ghostbusters*, les superhéros… Malgré tous ces personnages masculins à la même silhouette qui envahissaient le marché, c'est Barbie qui continuait de faire l'objet de critiques. (Hum…)

Un peu d'histoire

Dans les années 1960, aux États-Unis, des groupes de parents ont milité pour qu'il n'y ait plus de publicités ciblées envers les enfants (de jouets ou de céréales sucrées, par exemple) pendant les émissions jeunesse. Ces parents prétendaient que ça influençait les goûts et champs d'intérêt de leurs enfants et voulaient les protéger de ça. Au début des années 1970, ils ont remporté la bataille. Remarquant que des films comme *Star Wars* donnaient envie aux enfants de posséder les figurines à l'effigie des personnages, les dirigeants de compagnie de jouets ont eu une idée ! Créer des émissions de télé… directement liées aux jouets qu'ils voulaient vendre. Donc, ne pouvant plus présenter de pubs de jouets, on créerait des émissions de télé *inspirées* par les jouets. Même si ces émissions étaient faites par des créateurs passionnés, c'était des publicités déguisées. C'est l'émission *He-Man et les maîtres de l'univers* qui a parti le bal en 1983. Il y a eu ensuite *Transformers*, *Ninja Turtles*, *Ghostbusters* (une série d'animation basée sur les films). Le marché des « poupées » pour garçons était un marché difficile à percer et ces émissions ont grandement aidé leur commercialisation.

Cette idée a obtenu un si grand succès qu'on a vu apparaître des équivalents féminins de ces émissions-publicités, comme par exemple *My Little Poney*.

Les œuvres de fiction pour vendre des produits dérivés ont donc d'abord été créées pour vendre des jouets (ou plutôt des « poupées-qu'on-n'appellerait-jamais-au-grand-jamais-des-poupées ») aux garçons.

En 2023, quand *Barbie* de Greta Gerwig a été lancé, on s'est inquiété de ce film qui, malgré son propos féministe finement intégré dans un divertissement grand public, aurait été créé uniquement pour vendre des poupées. Alors que dans la même année, les films suivants sont sortis sur grand écran: *Teenage Mutant Ninja Turtles: Mutant Mayhem* et *The Super Mario Bros. Movie*, et très peu de gens soulignaient la commercialisation de produits dérivés.

Si on s'inquiète que des œuvres vendent des jouets aux enfants, ne devrait-on pas d'abord se pencher sur la multitude de fictions qui le font depuis les années 1980? Pourquoi est-ce la sortie de *Barbie* qui suscite cette inquiétude?

D'ailleurs, on a annoncé en 2024 qu'un film mettant en vedette le héros He-Man était en préparation. Quand le film sortira, s'inquiétera-t-on des standards de beauté véhiculés par ce personnage inspiré d'un *body-builder*? S'indignera-t-on de faire un film ne servant qu'à vendre des jouets? Y aura-t-il des messages sur les réseaux sociaux où les gens annonceront avec fierté ne pas aller voir *He-Man*? Dira-t-on que c'est trop «boysy» et superficiel? Y aura-t-il des vidéos pour expliquer à quel point *He-Man* est un film niaiseux qui véhicule un mauvais modèle pour les garçons? Sera-t-on triste pour le sort des (du?) personnages féminins dans le film? À suivre!

Girly :

Rose :

Sirène :

Super-héros :

Au fond, est-ce vraiment Barbie qu'on critique ? Dans une industrie de jouets qui pourrait bénéficier de réflexions en profondeur, de changements majeurs (pas seulement au niveau des représentations, mais également des problèmes environnementaux qui découlent de leur fabrication de masse), pourquoi est-elle le clou sur lequel on cogne le plus ? Serait-ce parce qu'elle est associée, de façon très assumée, au féminin ?

Il m'est souvent arrivé, lors de visites scolaires, de recevoir des confidences de filles qui avouaient cacher qu'elles aimaient *La Petite Sirène*. C'est semble-t-il considéré comme bébé lala et pas cool. Par contre, ce n'est jamais considéré comme bébé lala ou pas cool d'aimer *Spider-Man* ou n'importe quel film de superhéros. Pourtant, d'un côté on a l'histoire d'une ado femme-poisson qui désire explorer le monde et qui, à la suite d'une erreur de jeunesse, se reprend en main et élimine la vilaine de son univers. Tandis que de l'autre, on a l'histoire d'un ado homme-araignée qui, à la suite d'une erreur de jeunesse, se reprend en main et élimine le vilain de son univers. Et tous deux vivent une histoire d'amour dans leur récit respectif.

Beaucoup de mots pour dire que tout ça, c'est un exemple de ce qu'on appelle le « double standard », un phénomène où on analyse deux choses semblables mais selon des règles différentes, et qui contribue aux inégalités.

Et force est de constater que les « affaires de filles » sont plus souvent dénigrées.

Dans son livre *Sous nos yeux: Petit manifeste pour une révolution du regard*, Iris Brey déclare: «Faire croire que ce qui est féminin n'a pas de valeur (ou en tout cas moins que ce qui est masculin) est une des armes les plus puissantes du patriarcat et de la domination masculine.»

Qu'est-ce que le patriarcat ?

Le patriarcat est un système social et culturel où les hommes détiennent majoritairement le pouvoir et l'autorité, souvent au détriment des femmes et des groupes marginalisés. Ça se manifeste dans divers domaines, tels que la politique, l'économie, la religion, la famille et les relations sociales.

QUA EST-CE PA D'AM

ND
QU'ON
RLE
OUR?

Chapitre 8

L'Amouuur

Bon d'accord, j'arrête avec mes anecdotes de vieux films et de vieux jouets (ou peut-être pas, je ne fais pas de promesse).

Si je parle d'une inégalité entre les personnages masculins et les personnages féminins, c'est que c'est un reflet de la société. Et qu'au cœur des amours toxiques ou encore de la violence conjugale, on retrouve les inégalités sociales. (Ah, c'était çaaaaaaa !)

« On apprend très jeune à croire qu'une relation devrait être inégalitaire parce qu'une seule caractéristique, le genre, détermine nos rôles sociaux. Tant qu'il y aura des inégalités sociales, et qu'on apprendra à un groupe qu'il est supérieur aux autres, il y aura des violences conjugales. Il faut des changements sociaux importants », m'a expliqué la psychologue Joane Turgeon, spécialisée en violence conjugale.

Bien sûr, la violence n'est pas caractéristique d'un genre en particulier. Elle peut être perpétrée par les garçons comme par les filles. Mais pour le moment, selon les données les plus récentes, 78 % des victimes de violence conjugale sont des femmes et des filles. Et au cœur de cette violence, il y a un rapport inégalitaire à l'intérieur même de la relation.

Et si ce rapport inégal s'immisçait sournoisement dans notre imaginaire bien avant notre première relation amoureuse?

AVERTISSEMENT

Dans les prochains chapitres, je vais parler des histoires d'amour dans la fiction et tenter d'analyser leur impact.

Est-ce que ça voudra dire qu'il ne faudra plus aimer les histoires d'amour ?

NON !!!

Est-ce que ça veut dire qu'il faut les bannir ?

NON !!!

Réfléchir à ces enjeux permet de prendre une certaine distance face à ces histoires, et d'espérer mieux pour l'avenir, sans qu'il soit nécessaire de renier le plaisir que ces œuvres nous procurent ou leur légitimité d'exister.

Chapitre 9

La glorification des amours toxiques

Les filles se tournent souvent vers les œuvres de romance, car c'est là qu'elles sont le plus représentées. (Ah c'était ça aussiiiiiii !!!) Elles se voient dans les histoires, dans des personnages qui leur ressemblent, qui ont des amies, des rivales, des alliées. C'est un monde où elles peuvent se projeter en plus grand nombre. Mais, la plupart du temps, la seule quête présente est celle de l'amour et pour y arriver, elles doivent affronter beaucoup d'obstacles, qui viennent souvent du personnage qu'elles aiment, et de rivales à éliminer. Ce qui peut nous laisser croire que l'amour est compliqué, rempli d'obstacles, de tourments, d'ennemies, et surtout que c'est la seule quête qui a de l'importance quand on est une fille.

Jeu/devinette

Si je te raconte deux histoires d'amour, es-tu capable de deviner de quels films, livres ou séries télé elles proviennent ?

Histoire mystère 1

C'est l'histoire d'une fille (appelons-la Y). Elle tombe amoureuse d'un gars (appelons-le X). X est très occupé, car il est riche et célèbre. Toutes les filles sont secrètement amoureuses de lui et il n'en peut plus, car ça lui fait beaucoup de gestion. Il est assez épuisé par sa célébrité, car il réalise qu'on l'aime pour ce qu'il représente et non pour LUI. Il se sent un peu seul dans son palais doré. (PAUVRE TI-CŒUR)

Y ne se trouve pas assez bien pour lui. Elle a l'impression qu'il ne pourrait jamais la remarquer. Mais surprise ! Elle fonce sur lui par inadvertance dans la rue et pouf ! il la remarque ! (Ouuuuhhhhh TWIST !) Et après un rendez-vous, ils s'embrassent.

Leur relation devient rapidement tumultueuse. D'abord, elle doit être cachée (pour ne pas déplaire aux fans de X). Il est souvent distant (sa vie est très très importante, plus que celle de Y, à qui il ne manque pas de le rappeler d'ailleurs). Y passe donc beaucoup de temps seule et ne voit X que lorsque celui-ci est disponible et aux moments qui lui conviennent (quasiment jamais). Elle le lui mentionne une fois, mais il la menace de rompre (pour son bien à elle, évidemment) si elle est incapable de supporter cette vie. Ensuite, comme il a démontré de l'intérêt pour elle, Y est détestée des autres filles. L'une d'entre elles, Z, cherche à détruire la réputation de Y pour prouver à X qu'elle est mieux pour lui. Ça joue dans la tête de X, qui commence à douter de la sincérité de Y. Celle-ci trouve difficile de passer autant de temps seule et de devoir se défendre constamment des mensonges inventés sur elle. Lorsqu'elle le fait remarquer à X, il pique une colère.

Y va chercher du réconfort auprès d'un collègue de classe, W, à qui elle se confie et avec qui elle se lie d'amitié. Apprenant qu'elle partage des moments avec W, X se fâche contre Y. Même s'il lui accorde peu d'attention, il se sent insulté qu'elle passe autant de temps avec un autre gars. Il lui annonce qu'il ne peut être avec elle, car tout ce « drama » (causé par lui-même, rappelons-le) le déconcentre et nuit à sa carrière (PAUVRE DUDE !). X doit se concentrer sur son travail.

Y est triste et confuse. Elle n'a rien fait de mal, pourtant X l'insulte, lui reproche de ne rien comprendre à sa vie, et la soupçonne d'être comme les autres filles (car c'est tellement un grand défaut d'être COMME LES AUTRES). Y souffre. Elle prend la décision de quitter la ville, de s'isoler et de refaire sa vie ailleurs.

X apprend à la dernière minute tous les mensonges de Z, réalise que Y lui manque et la rattrape avant qu'elle quitte la ville. Il lui déclare son amour en disant que malgré toute la souffrance qu'Y a vécue à cause de lui, il n'a jamais cessé de l'aimer, ne peut se passer d'elle et qu'au fond il est une pauvre victime de la méchante Z. (Tout est évidemment la faute de l'AUTRE fille!) Y est convaincue et décide de rester. Ils s'embrassent au son des violons. FIN.

Histoire mystère 2

C'est l'histoire de A. Elle est indépendante et bien dans sa vie. Elle a plusieurs amies avec qui elle aime sortir et s'amuser. Lors d'une soirée, elle fait la rencontre de B. C'est un gars tourmenté, distant et froid mais très FLAMBOYANT! (Ouhhhh quelle grande qualité!) Il a déjà été blessé dans son passé et ne veut plus d'engagement, mais il aime bien voir A de temps en temps.

Quand ils sont ensemble, A a l'impression de vivre une grande passion (parce que t'sais… flamboyant ouh ouh ouh!). Mais après, elle n'a plus de nouvelles de lui pendant plusieurs jours, voire plusieurs semaines. Quand elle le contacte, il n'est jamais disponible. Comme B hésite à s'engager dans une relation plus sérieuse, A s'ouvre à d'autres personnes, dont C, un jeune homme charmant, plus terre à terre. Elle se questionne. A ne ressent pas autant de «papillons» avec C. Elle en parle à ses amies qui ont toutes une opinion différente sur la situation, ce qui ne l'éclaire pas.

B revient dans le décor et A passe une belle soirée remplie de papillons (c'est bien connu, la flamboyance est génératrice de papillons !) et ça la chamboule. Mais B disparaît dans la brume à nouveau, prétextant qu'il n'est pas prêt et que A va trop vite pour lui (tout est de sa faute ÉVIDEMMENT, après tout il a averti qu'il n'est pas prêt, tsss tsss !).

Alors qu'elle était une fille indépendante et bien dans sa peau, elle commence à être distraite et se perd un peu dans ses histoires d'amour. Dans une tentative de reprendre un peu de contrôle sur sa vie, elle dit à B que ça ne peut continuer comme ça, qu'elle ne se reconnaît plus. Il répond qu'il n'est pas digne des relations amoureuses, qu'il fait toujours de la peine à tout le monde, et qu'elle est mieux de vivre sa vie sans lui.

Après quelques jours à pleurer, elle se ressaisit. Elle revoit C et le trouve gentil, moins compliqué. Elle retrouve peu à peu sa personnalité pétillante. Et tranquillement, elle découvre que plus elle connaît C, plus ses « papillons » pour lui grandissent.

Dans un revirement de situation complet, B revient une fois de plus dans le décor ! Il s'excuse et lui dit qu'il l'aime et qu'il va « essayer » d'être à la hauteur. A le trouve très romantique, quitte C et saute dans les bras du flamboyant B au son des violons. FIN.

Et puis, as-tu deviné ?

Elles ne proviennent d'aucune œuvre en particulier ! J'ai tout simplement fait un amalgame de toutes les histoires d'amour les plus communes dans les fictions.

Apprend-on à aimer à s'en arracher le cœur?

L'amour qui en vaudrait la peine et pour lequel il faudrait se battre serait déchirant, souvent dans un rapport où l'un des deux personnages est dominant et où l'autre doit se soumettre à ses quatre volontés et en souffrir.

Pourquoi les relations qu'on nous présente dans la fiction sont-elles si compliquées? Il y a une raison simple: ça fait une bonne histoire. Habituellement, un scénario bien construit doit présenter une quête (ce qu'un personnage veut), des obstacles (ce qui empêche le personnage de réussir sa quête) et des enjeux (les conséquences de ne pas réussir sa quête).

Si la quête est de se faire aimer d'une personne, l'obstacle est souvent représenté par des conflits avec elle et l'enjeu est de la perdre. Et ça, ça ressemble aux traits des amours malsains, voire toxiques. Souvent, dans les histoires d'amour (hétérosexuelles en majorité) qu'on nous présente en fiction, la relation est compliquée, déchirante, le garçon est distant ou insistant, parfois même méchant, mais ces récits se terminent par un beau discours romantique final qui nous fait soupirer de bonheur. Et comme spectateur·rice, on doit croire qu'après ce discours final, tout ce qui s'est passé avant n'existera plus et que les personnages seront heureux. Alors que dans la réalité, si la relation est conflictuelle, il est peu probable que de belles paroles après une grosse chicane y changent quoi que ce soit.

Ces histoires sont-elles réellement romantiques? Ou favorisent-elles plutôt une intrigue poussant les spectateur·rice·s à rester en haleine et investi·e·s?

Parmi les genres littéraires les plus populaires, on retrouve des récits sentimentaux mettant de l'avant des relations malsaines, mais les présentant comme romantiques. Ces histoires combinent souvent la romance avec d'autres genres où les filles sont habituellement sous-représentées comme des dystopies, de la science-fiction, de l'horreur, des suspenses, ce qui peut les rendre plus attrayantes pour un lectorat féminin.

J'ai questionné des amatrices de ce genre d'intrigues sentimentales et elles disent toutes que, dans la vraie vie, elles ne voudraient jamais des relations qui y sont dépeintes, mais qu'elles trouvent ces histoires passionnantes et divertissantes.

Bien sûr, jamais je ne remettrais leur parole en doute. Mais dans un article de *La Presse* en 2024 intitulé « La violence en hausse chez les couples adolescents », des intervenantes jeunesse soulèvent des inquiétudes, car elles remarquent que plusieurs jeunes en couple confondent les comportements sains et les comportements malsains. « Ils se réfèrent à ce qu'ils voient, et ce qu'ils voient, ce n'est pas égalitaire et ce n'est pas sain tout le temps », y déclare Annick Brazeau, présidente du Regroupement des maisons pour femmes victimes de violence conjugale. « Il faut éduquer nos jeunes, tout le monde, la société sur ce qu'est une relation saine ou malsaine », ajoute-t-elle.

Je me demande... Si on n'arrive pas à percevoir certains comportements malsains dans la vie, est-on capable de le faire dans la fiction ?

MISSION
ACCEPTÉE

Que dit la science ?

Il existe un consensus scientifique sur la question de la violence en fiction. La position de l'American Psychological Association sur ce sujet est que la violence dans les divertissements n'incite pas à adopter des comportements violents dans la réalité, à moins d'avoir une prédisposition pour ça. Par contre, la violence dans les divertissements désensibilise à la violence en général. Et c'est alors qu'entre en jeu un autre questionnement : serait-il possible d'être désensibilisé·e·s à des formes de violences méconnues, surtout lorsqu'elles sont répétitives et banalisées ?

Lorsque la société change, certains stéréotypes s'ajustent. Par exemple, avant le mouvement #MeToo, il y avait des agressions sexuelles dans les films qui n'étaient pas encore considérées comme telles dans la société et qui servaient plutôt de ressort comique (par exemple des tapes sur les fesses à des personnages féminins, des seins agrippés par surprise, ou encore des discussions banalisées sur le viol ou d'autres formes d'abus). Il y en a beaucoup moins dans les films créés après ce mouvement, c'est même plutôt rare. Lorsqu'on devient plus sensibilisé·e à une forme de violence méconnue, la fiction s'ajuste au même rythme que la société. De là l'importance de s'éduquer sur toutes les formes de violences, même celles qui sont moins visibles.

SECTION SPÉCIALE

GUIDE

POUR IDENTIFIER OU PRÉVENIR LES RELATIONS MALSAINES

dans la réalité

10
signes qu'une relation est toxique

Les relations toxiques peuvent conduire à des cas de violences, et même à des conséquences psychologiques à long terme. Voici quelques signes pour les reconnaître.

Mise en garde avant lecture : Il se peut que certains comportements te semblent familiers, parce que tu les as déjà eus toi-même, à l'occasion. Personne n'est parfait ! C'est correct d'en prendre conscience et de vouloir s'améliorer !

1. Des insultes sournoises

As-tu déjà entendu l'expression « On taquine ceux qu'on aime » ? Il faut apprendre à distinguer une blague sincère ou même maladroite d'une remarque faite dans le but de dévaloriser l'autre. Si quelqu'un te dit des choses du genre : « Tu parles trop, mais au moins c'est intéressant ! » ou encore « Tu chantes bien, tu es comme la version *cheap* de Ariana Grande ! » ou autres compliments précédés ou suivis de petits commentaires blessants, même accompagnés d'un sourire, ce sont des insultes déguisées. Ces petites phrases peuvent sembler anodines, mais ont un effet insidieux sur l'estime de soi. Souvent, la personne qui reçoit ce genre de commentaire va être portée à se défendre avec un peu de désinvolture en disant des choses comme par exemple : « Ariana Grande est au top donc j'imagine que c'est positif d'être une version d'elle, même *cheap*. » Il est alors possible que l'autre ne réalise pas l'impact de ses mots. C'est pourquoi il est important de reconnaître ces subtilités, pour pouvoir nommer ton inconfort face à ces commentaires ambigus. Si l'autre se braque plutôt que de s'excuser, c'est un indicateur qu'une relation avec cette personne est probablement déséquilibrée. Personne ne devrait avoir à se justifier face à une remarque dévalorisante. « Taquiner ceux qu'on aime », ce n'est pas supposé les blesser.

Apprendre à connaître quelqu'un, c'est découvrir que nous avons des façons de nous exprimer différentes, des références différentes. C'est normal qu'il y ait des ajustements à faire. Il est possible d'apprendre à se connaître dans le respect. Si dans les débuts de ta relation, tu as l'impression que chaque opinion que tu exprimes est jugée, que chaque texto que tu envoies est une source de stress, que les réponses tardent à arriver, que ça te crée une insécurité, que l'autre ne te pose aucune question sur toi, il y a peut-être lieu de te questionner. Dans les débuts d'une relation, on devrait être intéressé·e et ouvert·e à l'autre, peu importe ce qu'il ou elle nous dit, et agir de façon à montrer notre intérêt.

3. Une relation cachée et incertaine

Si la relation est cachée (la personne ne veut pas que vous en parliez) ou incertaine (la personne te dit qu'elle ne sait pas si elle est prête à affirmer que vous êtes ensemble mais ne veut pas te perdre) c'est un drapeau rouge. Dans ce genre de relation, la personne qui est cachée ou mise en attente essaie de se faire valoir à l'autre et ça crée un déséquilibre : une personne est convoitée pendant que l'autre est en quête de reconnaissance. Si quelqu'un que tu fréquentes sérieusement n'est pas certain d'une relation ou veut te cacher, il est probable que tu vives énormément de souffrance. Tu mérites qu'une relation avec toi soit source de fierté.

4. Une inégalité

Dans une relation égalitaire, qu'elle soit amoureuse ou amicale, chacun·e a un espace pour s'exprimer, et aucune des personnes ne cherche à manipuler ou contrôler l'autre. Les décisions sont prises ensemble et respectent les limites et le consentement de chacun·e. Il faut également que les deux personnes s'intéressent de façon juste à la vie et aux passions de l'autre. Si tu dois toujours aller visiter l'autre, t'adapter à son horaire, ne fréquenter que ses ami·e·s, que tu ne peux être toi-même, la relation n'est pas égalitaire.

5. De la jalousie

Il peut arriver de ressentir de la jalousie, de l'envie. Les émotions négatives, ça fait partie de la vie! Avec une bonne communication, si on exprime ce qu'on ressent et que l'autre personne nous rassure, ça peut renforcer la confiance mutuelle. La jalousie est malsaine dans une relation lorsqu'elle devient excessive, constante, conduisant à un contrôle des relations et activités de l'autre, à des accusations non fondées et même à la violence verbale ou physique. Dans ce contexte, la personne jalouse peut dévaloriser régulièrement l'autre, critiquant son apparence, ses actions ou ses choix de vie, pour se sentir supérieure ou exercer un contrôle. Ça crée une dynamique où la victime de la jalousie se sent de plus en plus dévalorisée, piégée et coupable d'actions qu'elle n'a pas commises, entraînant un stress émotionnel constant.

6. Un doute sur la réalité

Parfois, les personnes qui vivent des relations toxiques en viennent à douter de leur réalité. L'autre personne les critique si souvent qu'elles remettent en question le fait qu'elles sont gentilles, adéquates, saines d'esprit. Si tu doutes de ta réalité, que tu as toujours l'impression que quand tu parles, l'autre personne transforme tout ce que tu dis, tu peux te poser des questions sur cette relation. Ce n'est peut-être pas toi le problème.

7. Du contrôle

Dans une relation, il est normal d'exprimer des limites. Si tu n'aimes pas telle ou telle chose, tu as le droit de le dire, et la personne peut décider de ce qu'elle fait avec cette limite. C'est à vous deux de voir si un compromis est possible. Le contrôle survient lorsqu'une personne force l'autre à se conformer à ses propres désirs, sans quoi il y aura une conséquence comme de bouder, de mettre fin à une soirée, de rompre, de faire un geste violent, ou autres. Apprends à remarquer si tes limites sont bien accueillies ou si tu te sens obligé·e d'accepter des choses qui briment ta liberté.

! Souvent le terme «limite» est mal compris et est utilisé pour contrôler. Le contrôle c'est ce qui est imposé à l'autre, et une limite n'est pas imposée, c'est ce qu'on établit pour soi-même. Par exemple, si quelqu'un te dit: «Tu n'as pas le droit de t'habiller sexy», il s'agit de contrôle. Mais si à l'inverse, tu ressens de la pression pour t'habiller sexy et que tu mentionnes que tu n'en as pas envie, c'est une limite. Aussi, si ton ou ta partenaire veut te géolocaliser en tout temps, que tu exprimes que tu n'es pas à l'aise avec ça et que tu refuses, c'est une limite que tu poses. La limite est exprimée sans menace et sans vouloir brimer l'autre.

8. Une perception négative de toi

Si tu as l'impression que tu n'es pas respecté·e dans ta relation, il se peut que tu essaies de te défendre, que tu ressentes des symptômes dépressifs ou que ton comportement devienne quelque peu bizarre. Souvent, les manipulateur·rice·s sont des personnes assez charmantes. Parfois, leurs victimes, qui subissent différents assauts au quotidien, qui en viennent à douter d'elles-mêmes, de leurs agissements ou de leur réalité, sont souvent perçues comme les personnes à problème par l'entourage. Et peu de gens remarquent que l'individu manipulateur en est la cause. Si tu ne te reconnais plus ou que certaines personnes ont la bonté de te dire qu'elles ne te reconnaissent plus, il n'est pas trop tard pour te retrouver. Tu redeviendras toi-même en n'étant plus dans une relation qui te gobe ton énergie.

9. Une confusion entre amour et anxiété

Malheureusement, on confond souvent l'amour et le sentiment d'anxiété. Le sentiment que tu ressens quand tu attends un texto qui n'arrive pas, ce n'est pas de l'amour, c'est de l'anxiété. Bien sûr, ce sentiment qui apparaît dans des moments inattendus peut être exaltant sur le coup. Mais si ça se répète constamment, ça finit par être épuisant. Il faut apprendre à déterminer notre sentiment intérieur. L'amour devrait nous faire sentir de bonne humeur, pas stressé·e·s, insécures, dépressif·ve·s ou anxieux·ses. L'amour doit donner des ailes, pas les couper.

10. Une impossibilité de mettre fin à la relation

C'est très difficile de mettre fin à une relation toxique. Tu aimes l'autre pour ses qualités et non pour ses défauts, et un être humain a plusieurs facettes. Mais si tu songes à rompre, c'est que les défauts prennent le dessus. Si tu réussis à y mettre un terme, c'est le signe d'une grande force intérieure. Par contre, il se peut que tu n'y arrives pas, parce que tu te sens ambivalent·e. Ça prend parfois du temps. Mais il arrive aussi que l'autre personne ne te laisse pas partir, te fasse des promesses, t'appelle sans arrêt, te supplie de ne pas la quitter ou menace de te faire du mal ou de s'en faire à elle-même. Si c'est le cas, ce n'est pas du romantisme, c'est du contrôle et de la manipulation. Bien sûr, parfois une rupture peut être un électrochoc qui fait prendre conscience à l'autre qu'il y a des changements à faire. Le problème n'est pas de donner une deuxième chance. Le problème est de donner plusieurs chances sans qu'il y ait de changement, et sans qu'on te respecte dans ton désir de mettre un terme à la relation.

En fiction, tous ces éléments créent ce qu'on appelle une «tension dramatique», c'est-à-dire ce qui rend une histoire excitante et nous garde accroché·e·s. Plus les personnages sont en conflit, plus on a envie qu'ils finissent ensemble dans un «happy end». (Étrange, non ?)

Comment différencier une relation toxique d'une relation qui n'a pas fonctionné ?

La relation est toxique lorsqu'elle fait plus de mal que de bien. C'est une dynamique malsaine où l'une des deux personnes cherche à manipuler, contrôler ou rabaisser l'autre, qui se sent triste, confuse, stressée ou épuisée. Une relation qui ne fonctionne pas, c'est simplement deux personnes qui ne s'entendent pas bien ou qui n'ont pas les mêmes objectifs, mais sans essayer de se blesser l'une et l'autre. Dans une relation qui ne fonctionne pas, il peut évidemment y avoir des conflits, mais ils sont davantage liés à des incompatibilités plutôt qu'à des comportements destructeurs. La communication peut être maladroite, mais elle ne vise pas à nuire ou à dominer l'autre. Dans une relation qui ne fonctionne pas, la rupture est vécue comme un échec sur le coup, mais on finit par s'en remettre. Dans une relation toxique, la souffrance va au-delà de la séparation.

PFFFFF ! Zéro conflit ?

Mais noooooon ! Un couple sans conflits, ça n'existe pas. Il peut y avoir des tensions, des incompréhensions, des malentendus, des sentiments négatifs de temps en temps. L'important est que ces conflits soient réglés de façon respectueuse. Il faut également faire la différence entre les conflits (normaux, sains) et la violence conjugale (qui dénote une inégalité dans la relation et la domination d'une personne sur l'autre menant à des comportements violents). Dans un couple sain, on continue de se sentir en sécurité, même dans les conflits, et il n'y a pas de menace de rupture ou de violence.

! Il est important de noter que personne n'est parfait, et il peut y avoir des moments où des comportements toxiques émergent même dans des relations globalement saines. L'essentiel est de voir si ces comportements sont des exceptions plutôt que la norme, et si vous êtes d'accord pour travailler à résoudre les conflits et améliorer la relation. Si les comportements toxiques sont persistants et nuisent gravement à ton bien-être, il peut être nécessaire de réévaluer la relation.

Aucune chimie !!!

Souvent, des personnes vont parler d'une relation avec quelqu'un qui avait des comportements qui les faisaient souffrir et vont dire qu'au moins, il y avait « de la chimie ». Il semble y avoir une certaine confusion entre chimie et connexion. On est peut-être tellement conditionné·e·s à voir l'amour comme une conquête, mérité au terme d'une série d'épreuves (comme dans les films romantiques !), que lorsqu'il y a un lien authentique et une complicité à bâtir avec quelqu'un de présent et digne de confiance – qui ne présente donc aucun défi –, on croit probablement qu'il n'y a pas de « chimie ». Bien sûr, à la base, ça prend des affinités. Mais il faut apprendre à distinguer la véritable connexion de cette prétendue « chimie » qui repose sur une quête perpétuelle de l'autre qui, au final, s'avère épuisante et insatisfaisante à long terme.

Un bon match ?

On ne doit rien romantiquement parlant à quelqu'un parce que cette personne est gentille avec nous. Évidemment, ça prend d'abord une connexion spéciale, une complicité, une attirance. Et peut-être qu'il faudra rencontrer plusieurs personnes avant d'en trouver une qui fait battre notre cœur. Mais il est important de se rappeler que l'intensité ou le drame ne rend pas une relation plus intéressante. On peut aussi tenter d'explorer des dynamiques simples et douces même si ce modèle est souvent perçu comme moins passionnant et qu'il est rarement dépeint comme palpitant dans les films et les récits romantiques.

LA VIOLENCE CONJUGALE

IL Y A CINQ TYPES DE VIOLENCE :

PSYCHOLOGIQUE

Lorsque quelqu'un utilise des mots, des gestes ou des comportements pour manipuler, contrôler, rabaisser ou intimider l'autre, afin de prendre du pouvoir sur la relation.

VERBALE

Lorsque quelqu'un utilise des insultes, des critiques, des menaces ou des paroles humiliantes pour blesser.

ÉCONOMIQUE

Lorsque quelqu'un contrôle l'argent ou les ressources de l'autre, lui vole de l'argent, lui emprunte sans rembourser, ou l'empêche d'avoir accès à ses propres finances.

SEXUELLE

Lorsque quelqu'un force, manipule ou contraint une autre personne à avoir des relations sexuelles ou à participer à des pratiques sexuelles contre son gré ou sans son consentement.

PHYSIQUE

Lorsque quelqu'un frappe, pousse, blesse, menace, effraie l'autre ou brise des objets pour lui faire peur et exercer un contrôle.

LUNE DE MIEL
TENSION
LE CYCLE DE LA VIOLENCE
CRISE
JUSTIFICATION

Le cycle de la violence

Dans une relation toxique, malsaine ou comportant de la violence, il y a un cycle continu qui commence par une tension, où une des deux personnes sent qu'il se passe quelque chose, car l'autre n'est pas tout à fait la même. Après, il y a une crise où la colère éclate sous une des formes de violence décrites plus haut, qui fera ressentir à la personne qui en est victime un mélange de tristesse, de confusion, de culpabilité, d'humiliation, de honte... Ensuite il y aura une période d'excuses de la personne qui a été violente. Elle trouvera parfois des excuses extérieures (« c'est à cause de mon passé, de ce que je vis avec ma famille ou du stress à l'école ») ou encore rejettera la faute sur l'autre (« si tu n'avais pas agi de telle façon, je n'aurais pas fait ça »), ce qui fera ressentir une certaine responsabilité de la situation à la personne qui a subi cette violence et forcera un changement de comportement et une certaine soumission. En dernier lieu, la lune de miel sera un moment où la personne sera à son meilleur, la version qu'on aime, celle qu'on veut retrouver après le conflit. Mais tout recommencera...

Le contrôle coercitif

De plus en plus, on parle de contrôle coercitif pour mieux comprendre les dynamiques complexes de la violence conjugale. Bien que des efforts importants soient faits pour sensibiliser à ce sujet, beaucoup pensent encore à tort que la violence conjugale ne se manifeste qu'à travers des actes physiques. En réalité, un·e partenaire violent·e utilise souvent des tactiques plus subtiles pour exercer sa domination sur l'autre. Ça peut inclure l'isolement, le chantage émotionnel, la manipulation, les critiques répétées, une surveillance constante ou la menace de représailles. Ces actions, prises séparément, ne sont pas toujours perçues comme des actes de violence ou des crimes, mais lorsqu'elles s'accumulent, elles démontrent une emprise qui peut éventuellement conduire à de graves conséquences.

Le contrôle coercitif, c'est donc quand une personne cherche à prendre le pouvoir sur l'autre en utilisant diverses stratégies pour limiter sa liberté et son autonomie. Ça englobe toutes les formes de violence.

Au Québec, un projet de loi a été déposé en 2024 pour protéger les victimes d'abus en criminalisant les conduites contrôlantes et coercitives.

La violence réactionnelle

C'est une forme de violence méconnue et souvent mal interprétée. Il s'agit d'une réponse violente à une attaque ou une série d'attaques violentes. Souvent, à force de subir des abus, une personne qui ne s'exprime pas d'emblée par la violence, et qui essaie d'adapter ses comportements pour faire plaisir à l'autre, va accumuler des émotions négatives et commencer à communiquer sur le même registre (que ce soit par des mots ou des gestes). Malheureusement, on confond souvent la violence de l'agresseur·euse (qui vise à contrôler l'autre) et la violence réactionnelle de la victime (qui vise à se défendre ou à reprendre le pouvoir légitime sur soi ou sa vie). Parce qu'il peut arriver qu'une victime d'abus réagisse, l'entourage peut avoir l'impression que les deux personnes du couple sont problématiques ou violentes et banalise ce qu'elle vit. Il est important de se rappeler que les victimes sont imparfaites, qu'elles ne sont pas toujours passives, et que ça peut rendre une situation de violence difficile à analyser.

! C'est de la violence aussi. Et toute forme de violence est à proscrire. C'est pourquoi il est important de repérer rapidement les signes d'une relation malsaine, ou toute forme d'inconfort, et de s'en sortir avant de commettre soi-même un geste violent.

LE DROIT DE SE DÉFENDRE, OU QUAND LA DÉFENSE EST PERÇUE COMME L'OFFENSE

On a le droit de réagir et de se défendre. Mais souvent, devant des formes de violence qui sont banalisées, certaines réactions paraissent exagérées aux yeux des autres.

Comme l'a très justement observé Taylor Swift dans son documentaire *Folklore: The Long Pond Studio Sessions*, en discutant de sa chanson *Mad Woman*, les femmes qui se défendent sont souvent perçues comme violentes ou problématiques elles-mêmes: « Depuis des siècles, on s'attend des femmes à ce qu'elles absorbent silencieusement certains comportements. Et souvent, lorsque nous le réalisons et décidons de mettre nos limites face à quelque chose de totalement déplacé, notre réponse est traitée comme l'offense elle-même. »

Elle confiait par la suite: « Il y a eu des situations récentes où une personne a tenté de me faire sentir que j'étais l'offenseuse, car je me suis défendue face à son offense. C'est comme si je n'avais pas le droit de répondre, car on me traitera de folle. Je n'ai pas le droit de répondre, car on dira que je suis en colère. Je n'ai pas le droit de répondre, car on trouvera que je dépasse les bornes. »

S'affirmer face à un comportement déplacé ou inacceptable n'est pas une offense, c'est un acte de courage. Le respect de nos limites ne devrait pas être interprété comme une attaque, mais comme une exigence légitime de dignité.

POURQUOI ELLE RESTE ?

C'est LA question la plus souvent posée. Parce que si une relation était si pire que ça, la personne s'en irait, non?

Ce n'est pas aussi simple que ça…

La plupart des victimes de violence conjugale aiment l'autre pour ses qualités, car les êtres humains ne sont jamais seulement méchants ou gentils. La violence s'incruste sournoisement dans le quotidien, si bien que parfois la personne ne la remarque plus, car elle a développé une tolérance. Il y a une forme d'emprise, la victime doute d'elle-même, son estime de soi est abîmée, et elle se croit responsable de la situation de violence. Tout ça rendra la rupture difficile, car plusieurs victimes de violences conjugales ne se considèrent pas comme telles. Aussi, elles ont de la difficulté à lâcher prise sur la relation, car elles croient sincèrement, même si elles ont subi de nombreux abus, que les choses peuvent s'améliorer dans le futur. Parfois, les victimes deviennent si isolées de leur entourage (soit à cause du contrôle exercé par l'autre, soit à cause de leur comportement erratique qui pousse les proches à s'éloigner) qu'elles croient que l'autre est la seule personne qui peut les aimer. Lorsqu'elles réussissent à mettre un terme à la relation, et qu'elles imaginent leur ex-partenaire dans une nouvelle relation, elles pensent toujours que la nouvelle personne profite d'une version améliorée de ce qu'elles ont connu. Et donc, elles se remettent une fois de plus en question et croient qu'elles sont à l'origine du problème. Ces éléments contribuent au cycle de la violence qui se perpétue.

Quelques signes pour repérer la MANIPULATION

Dans les dernières années, des termes psycho-pop sont apparus pour décrire certaines formes de manipulation et les repérer facilement. Il ne s'agit pas de concepts scientifiques, mais plutôt d'un glossaire pour reconnaître et décortiquer certains comportements qui causent de la souffrance. En voici quelques-uns !

En français svp !!!

Malheureusement, plusieurs de ces concepts ont été popularisés en anglais et n'ont pas été traduits, mais je te mets une suggestion de traduction lorsqu'il y en a une !

Love bombing (bombardement d'amour)

C'est une technique de manipulation émotionnelle où une personne en inonde une autre de démonstrations d'affection, d'attention, de compliments et de cadeaux de manière intense. En retour, elle s'attend à ce que l'autre personne se soumette à ses volontés. Lorsque celle-ci s'attache et adopte la même cadence ou les mêmes comportements, la personne qui au départ couvrait l'autre d'attention reproche soudainement cette cadence instaurée par elle-même et s'éloigne. Ça peut créer énormément d'incompréhension chez l'autre.

Gaslighting (détournement cognitif)

Le *gaslighting* est une forme de manipulation psychologique où une personne en fait douter une autre de sa perception de la réalité, de sa mémoire ou de sa santé mentale. Souvent la personne nie des faits, déforme des événements à son avantage et ment de manière répétée pour déstabiliser l'autre. Tout ça crée éventuellement beaucoup de confusion, d'anxiété, et affaiblit l'estime de soi.

Benching (mettre sur le banc/ mettre en attente)

C'est lorsque quelqu'un maintient une personne « en réserve » dans sa vie romantique, parmi d'autres choix, en lui donnant suffisamment d'attention pour la garder intéressée, mais sans jamais s'engager véritablement. Ça crée une incertitude pour la personne qui attend d'être « choisie » et qui sera portée à en faire plus pour plaire.

Breadcrumbing (donner des miettes)

Cette pratique consiste à donner très peu d'attention, de façon intermittente, par de petits ou grands gestes, ou des messages ambigus, pour maintenir quelqu'un accroché, mais sans jamais s'engager pleinement dans une relation. Ça donne de faux espoirs et prolonge l'attente et l'incertitude.

Hoovering (aspirer)

Nommé d'après une marque d'aspirateurs, ce terme décrit la tactique où quelqu'un, souvent un·e ex-partenaire, tente de « réaspirer » une personne dans une relation (souvent malsaine) en utilisant des promesses, des excuses ou des démonstrations de regrets, pour finalement tout recommencer comme avant une fois que la relation est reprise.

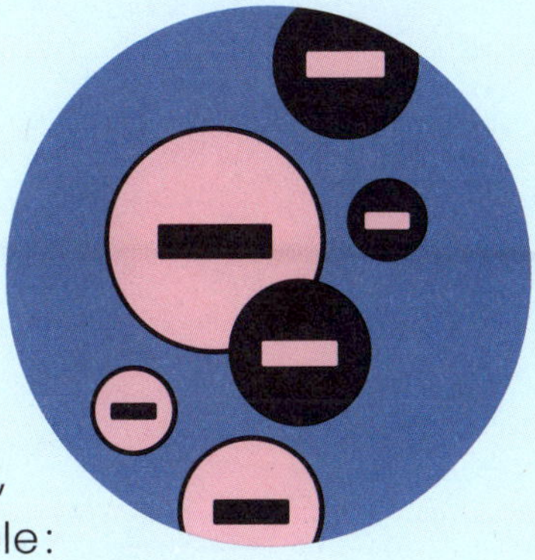

Negging (rétroaction négative)

C'est une forme subtile de manipulation où une personne fait des commentaires légèrement insultants ou critiques, déguisés en compliments. Par exemple : « Tu es vraiment la championne du patin artistique ! Peut-être qu'un jour tu auras envie de faire un vrai sport » ou encore « Tes cheveux sont vraiment beaux. Ça prend du courage pour assumer cette coupe ». La personne qui reçoit ce que certain·e·s appellent des « complimardes » ne sait plus trop si elle doit remercier ou se justifier, et va parfois chercher à se « vendre » aux yeux de l'autre et tenter d'obtenir son approbation ou de la validation.

Silent treatment (traitement silencieux)

Cette méthode implique d'ignorer délibérément quelqu'un, en refusant de communiquer ou de reconnaître sa présence. C'est une forme de punition émotionnelle où l'autre personne finira par ressentir qu'elle ne peut s'exprimer ou agir librement.

Triangulation

Une tierce personne, extérieure à la relation, est utilisée pour créer du conflit ou de la rivalité. L'objectif est d'induire des sentiments de jalousie et d'insécurité chez l'autre, ce qui renforce le pouvoir de la personne qui met en place cette dynamique.

Future faking (falsification de l'avenir)

Ce concept se réfère à la promesse de plans grandioses ou de futurs engagements pour manipuler quelqu'un dans le présent. Les promesses ne se réalisent jamais, mais elles sont utilisées pour maintenir une personne investie dans une relation insatisfaisante et lui faire croire que l'avenir sera mieux.

Ces termes, bien que souvent employés dans des contextes de relations amoureuses, peuvent également s'appliquer à des dynamiques amicales ou familiales où des comportements manipulatoires sont présents.

Quelques nuances

Comme mentionné plus tôt, ce ne sont pas des termes scientifiques. Les psychologues vont regrouper tout ça sous le terme « manipulation ». Et quelqu'un peut user de plusieurs de ces comportements en même temps. Je trouve tout de même intéressant d'avoir des mots qui aident à identifier certaines situations lorsqu'elles surviennent.

Lorsqu'une relation comporte de la manipulation, elle est par définition inégale. Par contre, la psychologue Joane Turgeon suggère quelques nuances avant de commencer à noter tous les petits signes et à se méfier des autres : « Une personne manipulatrice se présente comme étant très gentille, très respectueuse, très généreuse, très parfaite. Elle peut avoir plein de qualités. On ne la repère pas du premier coup. C'est avec le temps qu'on va voir que ce n'était pas sincère et que c'était dans un but de contrôler l'autre. C'est délicat de chercher des critères pour reconnaître les manipulateurs ou les personnes violentes. C'est à la longue qu'un comportement violent va se manifester. Et c'est seulement lorsque ça se manifeste qu'il faut mettre une limite. Si la personne est contrôlante ou manipulatrice, elle n'acceptera pas ces limites. Donc son vrai visage va se manifester. Une relation peut être en mouvement, on peut faire des erreurs, s'excuser et s'ajuster. Il serait dommage de vivre constamment dans la peur de l'autre et de discriminer des gens, car ils présentent tels ou tels critères.»

Mais comment fait-on alors pour se protéger ?

«Selon moi, il est plus important d'apprendre à évaluer notre état de bien-être en relation que de se méfier de l'autre», répond Joane Turgeon.

Ce que Joane Turgeon veut dire, c'est qu'au fond, il est difficile de se protéger d'une forme de violence *avant* qu'elle se manifeste. Il faut rester vigilant·e afin de reconnaître en nous un sentiment de confusion, de mal-être ou d'anxiété. Et il faut savoir mettre un terme aux relations lorsque nos limites sont mal accueillies ou qu'une situation malsaine perdure. Entre-temps, il vaut mieux ne pas accrocher sur chaque petit détail ni les suranalyser. Il faut simplement rester alerte aux émotions négatives qui se pointent en nous comme des petits signaux d'alarme.

On croit toujours qu'on sera capable d'identifier la violence, qu'on ne s'y fera pas prendre. Qu'en apprenant par cœur tous les signes pour la prévenir, on en sera protégé·e. On pense aussi que les personnes fortes, indépendantes et bien informées n'en seront jamais victimes. C'est faux. «Il n'y a pas de profil type de victimes», m'a appris Joane Turgeon. «Il s'agit juste de tomber un jour sur la mauvaise personne. Le problème n'est pas d'aimer quelqu'un, mais ce que l'autre personne fait avec cet amour.»

Autrement dit, c'est à long terme qu'on le réalise. On ne peut pas sauter trop rapidement aux conclusions. Il faut être attentif·ve à certains événements insidieux lorsqu'ils surviennent et, évidemment, prendre immédiatement des mesures en cas de menace ou de manifestation de violence.

«Il est important d'écrire sur le sujet, de s'éduquer, mais sans se méfier de l'amour ou le discréditer», conclut avec sagesse Joane Turgeon.

Si tu as besoin d'aide

Tel-Jeunes

www.teljeunes.com
Téléphone: 1 800 263-2266
Texto: 514 600-1002

SOS violence conjugale

sosviolenceconjugale.ca
Téléphone: 1 800 363-9010
Texto: 438 601-1211

Chapitre 10

Des affaires de filles, partie 2

Je suis une fan d'amour et de romance. C'est dans mon ADN. Ça me fâche lorsqu'on dit qu'une belle histoire est « fleur bleue », « mièvre », « vanillée » seulement parce qu'elle est lumineuse et romantique. Ça me semble des connotations négatives données à des mots pour dénigrer des choses généralement associées aux filles... Et pourtant il y a plusieurs histoires associées aux garçons qui sont « mièvres », mais on les décrit rarement comme ça (quel est le mot utilisé déjà pour désigner un guerrier qui sauve une demoiselle en danger et qui reçoit un baiser passionné en guise de récompense ? « Héroïque » ? « Chevaleresque » ? Hum...).

J'aime regarder et lire des histoires d'amour. Ça me donne des frissons, ça me détend et ça me fait rêver. Et je n'ai pas du tout envie de me faire juger pour ça !

Si j'ai évoqué le double standard plus tôt, c'est parce que les œuvres associées au féminin, notamment les romances, sont la plupart du temps jugées de moindre qualité. Ce double standard se traduit par des critiques plus sévères et une moins grande reconnaissance de ces récits. Ça donne l'impression que les œuvres associées aux garçons font mieux, qu'elles sont le modèle à suivre. Alors qu'elles véhiculent le même genre de modèles amoureux, de stéréotypes, elles sont souvent mieux perçues, voire encensées. Les histoires d'amour sont présentes partout (films, musique, mangas, jeux vidéo, etc.), mais on s'attaque davantage à celles que les filles aiment.

« Évidemment, mes livres parlent d'amour. C'est un sujet si féminin... quand il est traité par une femme. Mais quand c'est Flaubert qui décrit l'amour, cela devient un sujet humain », écrivait la journaliste, romancière et militante féministe Benoîte Groult dans son essai *Ainsi soit-elle*. Ce livre est paru en 1975, mais ce constat est malheureusement encore valable aujourd'hui.

C'est donc avec énormément de délicatesse que je veux aborder les relations toxiques dans les romances fictives, tout en gardant à l'esprit que la plupart des intrigues amoureuses, quels que soient les genres dans lesquels elles sont présentes, suivent des schémas narratifs similaires.

Dans son livre *Lettre à celle qui lit mes romances érotiques et qui devrait arrêter tout de suite*, l'autrice française Camille Emmanuelle confie qu'elle a écrit sous des pseudonymes plusieurs livres de *new romance*, un genre qui romantise des relations malsaines. Elle raconte qu'il s'agit d'un travail à la chaîne, créé à la suite de commandes de maisons d'édition qui font énormément d'argent avec ces livres, qu'elles veulent similaires le plus possible. Elle écrit: « Le problème, et je l'ai découvert en écrivant à la chaîne ces histoires, c'est que cette machine à produire des fantasmes est à mille lieues de l'émancipation et de la modernité. Mon éditrice s'offusque quand dans une scène l'héroïne se caresse, elle me demande de changer le personnage du "meilleur ami gay" en "meilleur ami hétéro", quelques pratiques sexuelles sont autorisées et beaucoup d'autres interdites, je dois rappeler que la jeune héroïne rougit (beaucoup), et que son bonheur est uniquement lié à sa rencontre avec le milliardaire. On est ici dans la reproduction – massive – de schémas sexuels et amoureux des années 1950. »

Ce que raconte Camille Emmanuelle est répandu et son expérience n'est pas unique. Les maisons d'édition, tout comme les studios de production ou toute autre plateforme de diffusion, fonctionnent dans certains cas selon une logique de marché dictée par des algorithmes, des données et des tendances de consommation. Lorsqu'il est question de romance, les récits doivent suivre des codes bien établis: une histoire d'amour conflictuelle et compliquée qui se termine bien. C'est ce que les statistiques semblent indiquer comme étant le plus rentable. Sortir de ce cadre est perçu comme un risque financier, et les propositions qui s'en éloignent sont souvent écartées. On reproduit ce modèle, parce que ça se vend bien et que personne n'ose changer une « formule gagnante ». Refuser d'y adhérer ne change rien, car d'autres accepteront de le perpétuer, que ce soit par nécessité économique ou par indifférence aux enjeux de représentation.

Au fond, que quelques histoires de ce genre existent n'est pas un problème en soi. Toutes les histoires ont leur place! Le problème survient lorsque ça devient une formule qu'on reproduit sans cesse à des fins commerciales, sans égard aux effets qu'elle peut avoir sur le public à force d'être ainsi répétée.

La romance présentée dans la plupart des fictions reproduit constamment les mêmes schémas. Ces schémas nous font percevoir comme romantiques des comportements qui peuvent être malsains, toxiques ou problématiques. Lorsqu'ils ne sont pas présentés comme romantiques, on nous laisse croire que ces comportements peuvent changer à grands coups d'amour et de patience (ce qui est plutôt rare dans la vraie vie). Et tout ça n'est pas nécessairement fait dans un but, disons, noble.

Lorsqu'on regarde ou lit une histoire, on sait qu'on est dans une fiction, une illusion, et que nous ne désirons pas nécessairement la même chose dans la vraie vie. Toutefois, certaines formes de violences sont encore méconnues, normalisées, voire banalisées. Collectivement, nous sommes encore en train d'apprendre et de nous éduquer sur ce sujet. Donc, comment arrive-t-on à prendre une distance entre fiction-qui-divertit et réalité-méconnue? Lorsqu'on voit de façon répétée un même modèle amoureux, qui est un rapport inégalitaire basé sur la domination d'une personne sur l'autre, et que cette relation est présentée comme idéale et romantique, est-ce qu'on arrive vraiment à ressentir dans la vie une attirance pour quelque chose de simple, d'égalitaire, sans aucunes montagnes russes ? Nos idées sur l'amour sont-elles indépendantes de toute influence extérieure ?

Je me demande s'il se pourrait que ce soit devenu tellement normal que les histoires d'amour toxiques sont les seules dignes d'être racontées qu'on ne remarque plus à quel point elles sont banalisées dans la culture populaire. Et que peut-être (j'insiste sur le « peut-être ») on les banalise aussi dans la vraie vie ?

Qu'en est-il lorsqu'une forme de violence méconnue est banalisée et maintes fois répétée ?

Dans les histoires, on valorise davantage les « princes charmants » flamboyants, qui font vivre des émotions fortes. Ils font souvent preuve de manque de respect, de désintérêt, de contrôle ou de jalousie. Et ces caractéristiques nous sont présentées comme des forces et non comme des faiblesses. Si un garçon est plus gentil, moins prestigieux, ce personnage sera moins digne d'intérêt, la relation amoureuse avec lui sera dépeinte comme monotone et il sera relégué au rôle d'ami.

« Les comportements violents des hommes sont encore plutôt valorisés et associés, dans les médias comme dans l'imagerie populaire, à la virilité. Les hommes apprennent à tort que cette virilité les rend supérieurs aux femmes et qu'ils ont le droit de contrôler et de dominer celles qui entretiennent avec eux des relations intimes », note la psychologue Joane Turgeon dans sa publication « Le point sur les violences conjugales ».

Sommes-nous réellement libres dans notre façon d'imaginer l'amour ?

Que dit la science ?

Plusieurs études ont permis d'observer que les garçons qui présentent une attitude dominante et méprisante sont plus attirants pour les filles que ceux ayant des attitudes égalitaires. Parmi les causes, la recherche a identifié une construction sociale apprise par le biais de la socialisation, puisque ce modèle est présent dans des contextes clés de développement durant l'enfance et l'adolescence : médias, réseaux sociaux, magazines, littérature, séries télé, cinéma et interactions avec les pairs.

Bien qu'il soit difficile d'en déterminer l'ampleur exacte, on estime qu'environ 27 % des femmes âgées de 15 à 49 ans dans le monde ont subi des violences physiques ou sexuelles, et c'est considéré comme un problème de santé publique mondial. Des recherches ont révélé plusieurs conséquences physiques et mentales liées à ces violences. Parmi elles, on trouve la douleur chronique, les troubles gastro-intestinaux, l'automutilation et les idées ou tentatives suicidaires, la toxicomanie, un risque accru de contracter des maladies transmises sexuellement, la dépression, ainsi que la détresse psychologique. Ces données sont d'autant plus alarmantes que les relations affectives violentes sont très présentes chez les adolescent·e·s et les jeunes adultes.

En répétant aux filles qu'elles devraient aimer les garçons ayant des attitudes et des comportements dominants, plusieurs filles en viennent à aimer – ou croire qu'elles aiment – ce type de garçon. Cette pression conduit à la normalisation et à l'acceptation des comportements violents, et même à ce que les filles les confondent avec de l'amour, ce qui les pousse ainsi dans des relations toxiques.

Quant à eux, les garçons subissent la pression de suivre des modèles dominants et méprisants s'ils veulent être attirants et avoir du succès auprès des filles.

La plupart des jeunes interrogé·e·s dans ces études confient qu'ils et elles ont peur de paraître « plates » aux yeux de leurs ami·e·s si ils ou elles ont une relation douce, sans flammèches (sans comportement violent). Et que l'opinion des ami·e·s sur une relation (saine ou malsaine) aura une grande influence sur le choix de plusieurs.

C'est pourquoi s'interroger sur la représentation des relations amoureuses et des rôles genrés ainsi que sur leurs conséquences est si important. Pour peut-être un jour changer ces perspectives.

Grande confusion autour de la séduction

Dans un article intitulé « 7 Reasons So Many Guys Don't Understand Sexual Consent » (7 raisons pour lesquelles tant de garçons ne comprennent pas le consentement sexuel), l'auteur américain David Wong analyse ce qui a construit ses perceptions de l'amour, de la séduction et de la sexualité. Il retrace ses héros préférés, de James Bond à Indiana Jones en passant par Han Solo, qui forçaient les femmes à les embrasser (souvent en les coinçant contre les murs), en se remémorant que toutes les femmes étaient séduites par leur comportement. Une fois les lèvres des héros posées sur celles des héroïnes, même si celles-ci avaient clairement exprimé leur refus, elles perdaient alors tous leurs moyens et tombaient sous le charme. L'auteur raconte qu'il a été sensibilisé à la notion de viol, mais que pour lui, c'était quelque chose qui se passait avec un inconnu dans une ruelle sombre. Il ajoute : « Si quelqu'un était venu me dire, à l'adolescence, que toucher une femme sans son consentement ou lui imposer des baisers était une forme d'agression sexuelle, j'aurais été très très confus. Vous venez d'accuser la majorité des héros d'action de mon enfance d'être des violeurs en série ! »

Dans son texte publié un an avant la grosse vague du mouvement #MeToo, il confie n'avoir jamais forcé une femme à l'embrasser. « Pas parce que je pensais que c'était mal, mais parce que j'étais trop nerveux. Et je me détestais pour ça.» Il termine sa confidence par quelque chose de crève-cœur: «J'avais honte, à l'époque, de ne pas être un "vrai homme".»

Je trouve triste que le fait de ne pas reproduire le comportement de ces héros puisse laisser l'impression à des garçons qu'ils ne sont pas de vrais hommes, ou que la perception des histoires d'amour qui s'éloignent de ces modèles, c'est qu'elles manquent de piquant ou de passion.

Ce sentiment de confusion décrit par David Wong est partagé par de nombreuses personnes qui internalisent que forcer un baiser, ignorer un non ou insister font partie des jeux de séduction, sont des preuves d'amour ou simplement quelque chose qu'on doit tolérer pour être en relation.

Ces gestes, qui mènent à de grandes passions dans les fictions, sont de plus en plus dénoncés dans la réalité. Il y a de quoi être confus·e!

«La vérité, c'est que beaucoup trop de gens dans notre culture ne savent pas ce qu'est l'amour», suggère l'écrivaine et militante bell hooks dans son essai *À propos d'amour*. Selon elle, «[à] défaut d'être transmis, l'amour devrait être enseigné. Pour que tous, cessions de nous méprendre et de considérer possible la maltraitance, la blessure, la négligence en amour».

Chapitre 11

Superhéroïnes ET amoureuses

« Un jour mon prince viendra... », chante Blanche-Neige dans *Blanche-Neige et les sept nains*, l'un des premiers longs-métrages d'animation, sorti en 1937.

Depuis, cette phrase est devenue emblématique de la quête de l'amour. (AVEU: Je l'ai probablement déjà utilisée moi-même, sans vraiment la remettre en question.)

Lorsqu'on parle de conte de fées, on pense tout de suite à des histoires de princesses ou de paysannes à la recherche de l'amour, ne réalisant pas toujours que nous adhérons à l'idée que la vie de ces personnages devrait tourner autour de cette quête dont le seul *happy end* envisageable est « ils se marièrent et eurent beaucoup d'enfants ».

Pourtant, les contes de fées ont d'abord été inventés par une femme pour remettre en question les rôles sociaux d'épouses et de mères. Le premier conte de fées est attribué à Marie-Catherine d'Aulnoy, *L'Île de la Félicité*, paru en 1690 (OUI, 1690 !). Dans ses contes, l'autrice mettait à l'avant-plan des femmes fortes et aventurières (et amoureuses aussi parfois, mais loin d'être passives en attendant leur prince). Les héroïnes y étaient souvent amies et non rivales. Ses contes ont engendré un courant littéraire, celui des conteuses utopistes, qui imaginaient des sociétés égalitaires où les gens vivraient en harmonie. À l'époque, Marie-Catherine d'Aulnoy était très populaire. Mais elle n'a pas connu le même succès que Charles Perrault, qui a publié des contes de fées sept ans plus tard. Dans ses récits, les personnages féminins étaient ramenés à leurs rôles domestiques. Contrairement à ceux de madame d'Aulnoy, les contes de Perrault ont traversé les âges. Pourquoi ? Probablement parce qu'on considère QUE LE GÉNIE EST MASCULIN ! (* Voir chapitre 5 !)

C'était il y a des centaines d'années. Et encore aujourd'hui, les personnages féminins peinent à sortir de ce carcan d'amoureuses en attente. Ou encore, quand elles le font, nous portons un regard très dur sur leur récit, réduisant souvent leur quête à une simple histoire d'amour et occultant tout le reste.

En 2023, Jenna Ortega, invitée au *Tonight Show*, a déclaré ceci à l'animateur Jimmy Fallon au sujet de la saison 2 des aventures de Wednesday, personnage qu'elle incarne dans la populaire série télé éponyme sur Netflix : « Je pense que nous voulons intensifier un peu l'aspect horreur et ensuite la libérer de la romance pour qu'elle soit indépendante et qu'elle lutte contre le crime à sa manière.»

J'avoue que ça m'a un peu, disons, chicotée.

J'adore Wednesday. Ce personnage défie tous les codes du personnage féminin typique. Elle n'est ni douce ni bienveillante. Elle a un humour caustique. Ses quêtes principales sont de maîtriser ses pouvoirs et de mener une enquête. Je me suis demandé pourquoi Wednesday n'aurait pas le droit de vivre une histoire d'amour *en plus* de tout ça. Après tout, la romance est très secondaire dans l'intrigue. Wednesday débarque dans une nouvelle école et, lorsqu'elle découvre qu'une série de meurtres sont commis, elle veut trouver le coupable. Les garçons ne sont pas centraux, car elle a déjà beaucoup de choses à gérer. De plus (Attention *spoiler*: ne lis pas la prochaine ligne si tu n'as pas vu la série), lorsqu'elle découvre qu'un des garçons avec qui elle a développé une relation s'avère un monstre qui menace ceux et celles qu'elle aime, elle le combat. Elle ne le choisit pas. Elle est loin d'une héroïne passive qui se définit seulement par son histoire d'amour! C'est un personnage complexe qui combat le crime, étudie, se fait des amis, découvre des secrets de famille et apprend à contrôler de nouveaux pouvoirs surnaturels. L'amour *fait partie* de l'histoire, mais n'est pas *son* histoire.

Pourtant, l'histoire d'amour de Wednesday a suscité tellement de critiques que les créateurs ont décidé de l'évacuer de la saison 2.

Il est arrivé la même chose à Wonder Woman, dans *Wonder Woman 1984*, de Patty Jenkins, dont plusieurs fans ont critiqué l'histoire d'amour alors que le film est rempli de plusieurs autres éléments et que l'héroïne, en plus d'être combative, brillante, indépendante, s'évertue à sauver le monde. Son histoire d'amour – à laquelle elle finit par renoncer – lui permet de comprendre le vilain et elle le combat avec de l'empathie, présentée comme une force puissante. Si on regarde du côté des héros masculins, on ne reproche pas leurs histoires d'amour à Capitaine America ou à Thor, dans la franchise Marvel, alors que celles-ci sont au cœur de leur quête et teintent même leurs choix en tant que superhéros et leur confère plus de motivation.

Je me demande si on a de la difficulté à accepter qu'un personnage féminin puisse être autant une superhéroïne qu'une amoureuse. Faut-il absolument choisir entre l'une ou l'autre? Alors que tous les personnages masculins vivent des histoires d'amour dans leurs aventures! Lorsqu'une héroïne est plus forte, complexe et qu'elle vit une relation amoureuse égalitaire, est-ce que c'est plus confrontant pour le public? Est-ce qu'on ne l'identifie qu'à ça?

Bien que je sois d'accord avec le fait que les personnages féminins ne sont pas toujours *obligés* d'être des amoureuses, et que je suis consciente que la majorité des personnages féminins ne sont souvent réduits qu'à cet aspect si on considère l'ensemble des fictions, je me suis demandé si cette tendance à critiquer les héroïnes qui vivent des histoires d'amour parmi plusieurs autres éléments vient du fait qu'on a de la difficulté à voir les femmes comme des êtres complexes.

Lors de la sortie du remake en prise de vue réelle de *La Petite Sirène*, la chroniqueuse et chercheuse postdoctorale en études féministes et culturelles Anne-Sophie Gravel répondait aux critiques du film qui prétendaient que l'héroïne présentait un modèle de féminité réducteur, dans un article intitulé « La petite sirène, une héroïne revendicatrice, indépendante et complexe »: « La chanson thème *Part of your World*, loin d'être une mielleuse déclaration d'amour à un jeune homme, est plutôt l'aveu d'une grande ambition: Ariel voudrait devenir humaine », analyse-t-elle. La chroniqueuse ajoute que les paroles indiquent qu'elle désire prendre le contrôle de sa vie: « Elle veut voir, confirmer des hypothèses, explorer, déambuler et dépenser son temps librement. Surtout, la chanson culmine sur une phrase où elle proclame se sentir prête à acquérir de nouvelles connaissances et obtenir de vraies réponses à ses questions. » À la principale critique qui est adressée à l'histoire de l'héroïne, soit de troquer sa voix pour séduire un prince, l'autrice suggère que cette analyse ne tient pas compte de la progression du récit, où l'héroïne se bat pour la retrouver, revendiquant « la pleine possession de ses facultés et de son individualité ». Dans son article, Anne-Sophie Gravel recommande de « porter attention à ne pas tourner systématiquement en dérision les goûts des jeunes filles, faute de quoi on risque de nier les ambitions et le vécu complexe de plusieurs héroïnes jeunesse ».

Les filles aussi sont des guerrières, des superhéroïnes, des espionnes ou de brillantes enquêtrices. Elles sont aussi capables de prendre leur place et de se démarquer. Elles peuvent elles aussi sauver le monde, découvrir des secrets ou des trésors. Tout ça en étant aussi des amoureuses. Tandis que les garçons peuvent aussi, en plus d'être des héros, se montrer tendres, romantiques, vulnérables, gaffeurs et traverser des échecs. Le problème n'est pas de créer des héros et des amoureuses, mais qu'il faudrait plus d'héroïnes et d'amoureux pour contrebalancer la façon dont chacun·e se perçoit.

ALERTE À L'ARGUMENT QUI N'A PAS D'ALLURE N° 1 :

« C'est le reflet de la réalité ! »

On me dit souvent que la fiction est « le reflet de la réalité », et donc que si certains rôles sociaux sont représentés de telle façon, c'est que c'est comme ça dans la vie. Autrement, on n'y croirait pas.

Lorsque le remake d'*Aladdin* est sorti en 2019, plusieurs personnes ont critiqué le fait que la princesse Jasmine devenait sultane, prétextant que c'est IMPOSSIBLE pour une femme de devenir sultane, que c'est un rôle réservé aux hommes.

Petit rappel de l'histoire : Aladdin est un jeune homme pauvre reconnu pour son grand cœur qui vole dans les marchés pour donner aux autres. Un jour, il se rend dans une caverne remplie de trésors et découvre un GÉNIE en FROTTANT UNE LAMPE. Et le génie lui propose avec l'aide de la MAGIE de réaliser TROIS SOUHAITS. (Histoire TRÈS réaliste, on en convient.)

Il est donc plus confortable pour certaines personnes de croire à une réalité où un génie bleu réalise les trois souhaits d'un voleur que de croire en une réalité où (dans un monde imaginaire, je le rappelle) une princesse devient sultane !

La fiction devrait justement pouvoir nous permettre de refléter toutes sortes de réalités et de créer différents mondes imaginaires, non ?

Faut-il attendre la diminution des inégalités sociales pour que ça se reflète dans la fiction ? (GROS PROJET !!!)

ALERTE À L'ARGUMENT QUI N'A PAS D'ALLURE Nº 2 :

« Ce n'est pas un documentaire ! »

On me dit parfois : « La fiction n'est pas du documentaire » (ce qui est complètement le contraire de l'argument de la fiction supposée refléter la réalité). Ce à quoi j'aurais envie de répondre : « Ohhhhhh merci ! Je ne m'en étais pas rendu compte ! UNE CHANCE QUE TU ME L'AS DIT ! »

Parlons un peu des documentaires, puisque c'est ça l'argument. Eh bien… ils ne sont pas toujours objectifs eux non plus. Ils représentent des visions du monde et des prises de position, tout comme les fictions. Tous les contenus rendent compte de la vision du monde de leurs créateur·rice·s, et peu importe la visée qu'ils affichent (être authentique, divertir, enquêter, créer des émotions fortes), ils nous influencent d'une façon ou d'une autre.

Le problème est que ce genre d'argument contribue à maintenir les choses telles qu'elles sont, sans possibilité de les remettre en question.

ALERTE À L'ARGUMENT QUI N'A PAS D'ALLURE N° 3 :

« On peut pu rien dire ! »

De plus en plus, on entend en réponse aux discussions sur les représentations qu'on ne peut plus rien dire et qu'il y aurait une injonction de la bienveillance. On ajoute que la fiction est l'endroit pour exprimer des choses dangereuses, laides et qu'il serait inquiétant de n'être que bienveillant·e·s et de s'empêcher de représenter le MAL.

J'ai une SUPER BONNE NOUVELLE à annoncer aux gens qui expriment cette grande inquiétude que le MAL disparaisse à jamais. Personne ne demande à ce que le « mal » ou les « choses laides » ne soient plus représentés en fiction, ni que tout soit absolument bienveillant.

FIOUUUU ! BONNE AFFAIRE DE RÉGLÉE !

Le but n'est pas de bannir des œuvres ou même d'empêcher d'en créer de nouvelles, ni de limiter la liberté d'expression ou de création des artistes, mais de réfléchir à certains stéréotypes et de tenter de voir comment l'art peut évoluer et se diversifier. (Et malgré tout, les artistes ont quand même LE DROIT de tout faire et le public a LE DROIT d'aimer ça.)

Voyons-le plutôt comme un appel à la créativité !

En réalité, c'est difficile de parler de stéréotypes et de remettre en question une certaine vision des choses. Quand j'aborde ce sujet, les réactions peuvent être vives et les arguments contradictoires.

Je reçois tellement de résistance que je remets parfois mes questionnements (ou réflexions) en doute.

Arrrrgggghhhh ! J'ai besoin d'aide !!!

5 QUESTIONS À DES SPÉCIALISTES

J'ai décidé de me tourner vers deux professeures en communications qui se spécialisent dans les représentations médiatiques, Anouk Bélanger et Stéfany Boisvert, qui ont gentiment accepté de m'éclairer sur les questions que je me pose au sujet de l'impact des représentations. (À ma GRANDE SURPRISE elles n'ont pas eu l'idée saugrenue de faire comme Doc Brown dans *Back to the Future* et de m'endormir pour cause de trop grande curiosité!)

1. EST-CE QUE LA FICTION PEUT INFLUENCER NOTRE FAÇON DE PERCEVOIR LE MONDE ?

Anouk Bélanger : On cherche à créer du sens à travers les histoires. C'est humain. Donc, oui.

Stéfany Boisvert : Même si nous savons faire la distinction entre la réalité et la fiction, oui, elle peut influencer notre manière de percevoir le monde.

MAIS COMMENT ???

Stéfany Boisvert : À force de répéter les mêmes schémas, ils finissent par se normaliser et s'enraciner profondément dans l'inconscient collectif. Ce processus, lent et insidieux, résulte de la construction progressive de croyances et de normes qui deviennent si intégrées qu'elles semblent évidentes et naturelles. C'est pourquoi il faut analyser une œuvre dans un contexte global et non individuel. Ce qui est répétitif est souvent considéré comme une « normalité » qu'on ne remet plus trop en question. La déconstruction de ces schémas demande du temps et des efforts, car ils sont solidement établis.

Anouk Bélanger : Et au contraire, lorsque les récits que nous consommons ne reflètent pas nos propres expériences, donc « notre réalité », ça peut nous faire sentir isolés ou anormaux. Cette dissonance entre notre vécu et ce qui est représenté dans les médias peut créer un sentiment d'exclusion ou de décalage.

Stéfany Boisvert : Cela dit, les médias ne sont pas les seuls responsables de notre façon de percevoir le monde. Il est bon de le rappeler.

Anouk Bélanger : La fiction joue un rôle dans notre quête de sens. En nous proposant des récits, des personnages et des situations, elle nous offre des repères pour comprendre notre propre vie et la société qui nous entoure. Que ce soit à travers les films ou les livres, la fiction nous permet de nous identifier à des histoires, d'interpréter le monde et d'y trouver une forme de réconfort ou de validation. Mais il s'agit toujours d'un point de vue, qu'on le veuille ou non, et chacun est libre de l'interpréter selon sa propre expérience et perspective.

2. EST-CE QUE LA FICTION EST DANGEREUSE?

Stéfany Boisvert: Non, ce n'est pas «dangereux».

Anouk Bélanger: Ce qui pose problème, ce sont les formules stéréotypées et répétitives qui dominent les récits. Elles peuvent contribuer à banaliser ou normaliser certains comportements. Les éléments que la fiction choisit d'invisibiliser sont aussi significatifs que ceux qu'elle met en avant.

3. QU'EN EST-IL DE L'AMOUR? QUELLE EST LA DIFFÉRENCE POUR LES GARS ET LES FILLES DANS LA FAÇON QU'ON LES PRÉSENTE?

Stéfany Boisvert: Dans la plupart des récits, les hommes sont encouragés à poursuivre plusieurs objectifs, souvent liés à leur carrière ou à leur développement personnel, tandis que les femmes sont souvent définies par leur quête de l'amour. Cette focalisation sur l'amour conditionne leur bonheur à la réussite d'une relation de couple, créant une norme où l'accomplissement personnel des femmes est indissociable de leur rôle dans une relation amoureuse et familiale.

Anouk Bélanger: En mettant en avant la relation amoureuse comme l'accomplissement ultime, la fiction contribue à marginaliser d'autres formes de réalisation personnelle et professionnelle pour les femmes.

4. EST-CE QUE LORSQU'ON REMET EN QUESTION CERTAINES REPRÉSENTATIONS, ON LIMITE LA LIBERTÉ D'EXPRESSION?

Stéfany Boisvert: Non. L'art, ça sert aussi à créer un dialogue. La critique appelle à une réflexion et à une discussion sur les normes représentées dans les médias, ce qui permet de prendre une distance critique entre la réalité et la fiction.

Anouk Bélanger: En ayant ces discussions, on ouvre la porte à plus de diversité de récits.

5. QUE RÉPONDRE AUX GENS QUI DISENT QUE C'EST DIFFICILE DE CHANGER LES CHOSES, PARTICULIÈREMENT LES RÔLES GENRÉS, CAR LA FICTION EST UN REFLET DE LA RÉALITÉ?

Stéfany Boisvert: Les récits médiatiques ne sont pas de simples reflets de la réalité, ils font partie de la réalité et la façonnent. Ils peuvent représenter une variété de réalités et contribuer à la transmission de différentes perspectives. En proposant des récits diversifiés, les médias peuvent aider à enrichir nos points de vue. En exposant le public à une gamme plus large d'expériences, nous pouvons diminuer le poids des stéréotypes et ouvrir la voie à une représentation plus équitable et nuancée de la société.

LORSQUE LES RÉCITS QUE NOUS CONSOMMONS NE REFLÈTENT PAS NOS PROPRES EXPÉRIENCES, DONC «NOTRE RÉALITÉ», ÇA PEUT NOUS FAIRE SENTIR ISOLÉS OU ANORMAUX.

S'IL Y AVAIT PLUS DE DIVERSITÉ DANS LES ŒUVRES, ÇA POURRAIT DIMINUER LE POIDS DES STÉRÉOTYPES.

Chapitre 12

Se faire remettre à sa place

Ce n'est pas facile de réclamer plus de diversité dans les œuvres culturelles. On se heurte souvent à la même objection : « L'Art (faut mettre une majuscule, car c'est dit de façon condescendante) n'a pas à porter un message social. » Mais... est-ce vraiment de « porter un message social » que de mettre en scène plus de personnages féminins ? Ou encore plus de relations amoureuses saines ? Ou plus de diversité *tout court* ? Ne serait-ce pas simplement un portrait plus vaste de la réalité ? Après tout, est-ce qu'on ne contribue pas à propager certains « messages sociaux » quand on répète sans cesse les mêmes codes discriminatoires et qu'on invisibilise certaines personnes ? Je trouve assez étrange qu'on considère comme « neutre » un certain point de vue qui s'impose comme la norme mais qui ne reflète pas la complexité du monde dans lequel on vit.

Dès que des productions essaient d'être plus diversifiées, en tentant de mettre plus de personnages féminins ou racisés dans l'histoire, des relations amoureuses plus saines ou différentes perspectives, les sites agrégateurs de critiques sont envahis de commentaires acerbes. On reproche à ces productions de vouloir « cocher des cases » (pourtant, est-ce qu'on ne coche pas des cases précises en reproduisant les mêmes choses depuis des années ?), d'être politiquement correctes ou « wokes » (une expression qui, à la base, signifie une sensibilité pour la justice sociale, mais dont le sens a été détourné comme une insulte par certains groupes). C'est ce qui est arrivé lorsque le remake en prise de vue réelle de *La Petite Sirène*, mettant en vedette Halle Bailey, est sorti en 2023. Puisque la sirène était incarnée par une actrice noire, on reprochait au film de ne pas respecter l'apparence de la petite sirène d'« origine » (celle de Disney en 1989), qui était blanche avec des cheveux rouges. Pourtant, la petite sirène originale, celle imaginée en conte par l'auteur danois Hans Christian Andersen en 1837, avait d'abord été illustrée en noir et blanc et, par la suite, plusieurs illustrations à travers les époques la montrent portant les cheveux parfois blonds, parfois bruns. Alors pourquoi ne pourrait-on pas imaginer une petite sirène noire, après une petite sirène interprétée de plusieurs façons au gré des inspirations artistiques ?

De nombreux commentaires négatifs ont suivi la sortie de la série *The Acolyte*, une énième branche de la série *Star Wars*. On lui reprochait de ne pas respecter l'univers, ou encore d'être « écrite par des scénaristes qui haïssent les hommes » (car il n'y en a pas beaucoup dans l'histoire). Un commentaire allait comme suit : « Malaisant, sexiste, hétérophobe, que des femmes partout qui gèrent tout et font tout... overdose de spacegirls wokistes ridicules. Disney devrait se méfier de ça s'ils ne veulent pas passer le milliard de $ de perte. »

Pourtant, si on prend ces mêmes commentaires, et qu'on les inverse en les attribuant à la majorité des histoires, qui mettent surtout en scène des personnages masculins qui gèrent tout et font tout... ne devrait-on pas remettre en question ces récits de la même manière ? Est-ce que cette multitude d'histoires qui mettent en scène seulement des personnages masculins sont écrites par des scénaristes qui haïssent les femmes ? Est-ce que les *spacemans* sont ridicules ? Est-ce que c'est malaisant, sexiste et homophobe ? Ce sont de bonnes questions à se poser pour l'ensemble des productions, puisqu'elles sont soulignées surtout lorsque sortent des histoires plus inclusives ! (Clin d'œil, clin d'œil !)

On observe le même phénomène dans le domaine des jeux vidéo. Les critiques sont très négatives aussitôt qu'un jeu essaie d'être plus inclusif. Par exemple, lorsque *Battlefield V* est sorti en 2018, les réactions du public envers les développeurs DICE et Electronic Arts ont été épidermiques. Un hashtag #NotMyBattlefield a été même créé. En ajoutant des femmes sur le champ de bataille d'un jeu qui se déroule pendant la Seconde Guerre mondiale, on reprochait au studio de ne pas respecter les faits historiques. Ceux-ci ont répondu que des femmes avaient participé à cette guerre, et que ça démontrait un manque de culture de la part de leurs critiques. Ils ont tout de même reconnu avoir confié à des personnages féminins quelques rôles qui n'avaient pas été historiquement tenus par des femmes. Mais ils ont rappelé que c'était un jeu. Et que ça implique de proposer parfois des expériences qui ne sont ni réalistes ni historiquement exactes, comme de faire tenir trois joueurs équipés de lance-flammes sur un cheval au galop.

Si on accorde à ces critiques l'argument « historique », difficile alors de comprendre la controverse entourant *Warhammer 40K*. Le jeu se déroule dans un univers de science-fiction fantaisiste avec de nombreuses espèces inventées dont les Custodes, des guerriers génétiquement modifiés hyperpuissants. Mais en 2024, lorsque le studio a annoncé que le jeu inclurait la présence de Custodes femmes, des joueurs ont été pris de panique, affirmant que les Custodes (cette espèce 100 % inventée, faut-il le rappeler) n'avaient toujours été que des hommes, et ont fait déferler une vague de haine sur les réseaux sociaux.

Bref, ce qui semble déranger, au fond, c'est l'ajout de personnages féminins ou représentant des personnes marginalisées.

Je ne donne que quelques exemples mais c'est fréquent. Des commentaires négatifs surgissent aussitôt que les filles prennent un peu plus de place, et la parole, ou lorsque les représentations se diversifient. On va même jusqu'à dire que le but est de faire disparaître les hommes, alors qu'ils restent majoritaires dans toutes les fictions et dans la sphère publique. On pointe du doigt un contre-exemple (« il y a plus de femmes en médecine ! ») pour minimiser le problème. Ensuite, on s'inquiète du fait que les hommes souffrent, et on demande aux militantes féministes d'en faire un peu moins. Tout ça pour panser leur douleur de perdre un peu l'espace qu'ils tiennent à conserver. Et on en revient au même point. Plusieurs compagnies qui tentaient d'être inclusives font un pas de recul, ayant peur du contrecoup que suscitent ces décisions.

Dans le livre *Le Féminisme québécois raconté à Camille*, l'historienne Micheline Dumont écrit qu'en 1896, lorsque le féminisme a commencé à émerger au Québec, plusieurs hommes critiquaient ce mouvement en disant : « Ce sont d'horribles femmes modernes qui veulent établir la suprématie du genre féminin sur la terre ! » Étrangement, cet argument est encore brandi aujourd'hui, quelque 150 ans plus tard, par certains influenceurs ou même dans certains médias. La suprématie des femmes n'est non seulement jamais arrivée, elle n'a même jamais été l'objectif du féminisme. Faut-il constamment rappeler que ce mouvement vise simplement l'égalité ? Et que malgré des avancées, elle est loin d'être atteinte ?

Au fond, quand on essaie de prendre la parole pour revendiquer une place égale, une meilleure représentation féminine et des groupes marginalisés dans l'espace public, on se fait vite ramener à l'ordre. C'est un dur constat de réaliser que lorsqu'on dénonce des injustices ou qu'on réclame un peu plus de place, même dans des mondes imaginaires, c'est déjà trop. Et ça nous fait nous poser une question plus fondamentale: quelle est notre place?

Quelle est notre place?

Chapitre 13

One of the gang

« La vision que les jeunes hommes ont des femmes est forcément influencée, qu'ils le veuillent ou non, par ce qui est véhiculé dans la culture populaire. Par les mots dont on se sert pour les décrire, parler d'elles et parfois, les dénigrer. »

Évidemment, la façon dont on parle des femmes dans la culture a une influence. Et bien que je pense chaque mot de cette phrase, et qu'elle soit vraie – appuyée par plusieurs recherches sur le sujet –, elle n'est pas de moi. Elle est tirée d'une chronique de 2020 intitulée « Spider-Man et les garçons », écrite par le critique de cinéma et chroniqueur Marc Cassivi. Ironiquement, il s'agit du même journaliste qui avait dit dix ans plus tôt qu'il avait souffert en regardant le film *Le Journal d'Aurélie Laflamme*, car sa fillette intérieure était inexistante. Le même qui disait aussi vouloir interdire le rose. Hum...

En rappel :

Aparté. J'ai 37 ans, deux petits garçons qui aiment les superhéros, deux frères et une sœur qui n'a jamais affiché de poster des New Kids on the Block sur le mur de sa chambre. Ma blonde est tout sauf « girly » et ma « fillette intérieure » est parfaitement inexistante. Voir des adolescentes rougir et ricaner au passage d'un sosie de Justin Bieber (Nick Carter avec une coupe de cheveux pour dame) m'a toujours exaspéré. Le rose, à mon avis, devrait être interdit et je n'ai pas du tout hâte de voir *Sex and the City 2*. Fin de l'aparté.

Marc Cassivi, 2010.

Marc Cassivi est probablement un des chroniqueurs aux valeurs les plus alignées avec les miennes. Mais si ces mots peuvent venir d'un allié, imaginons tous les autres, ceux moins bien enrobés, qui viennent de non-alliés décomplexés, et auxquels nous sommes exposé·e·s au quotidien.

J'ai décidé de l'appeler pour tenter de comprendre pourquoi il trouvait important de mentionner qu'il fallait absolument avoir une fillette intérieure pour apprécier Aurélie Laflamme et qu'il aimerait bannir le rose, et lui expliquer mon point de vue. Je dois avouer que j'ai hésité longtemps. Il faut dire que depuis quelques années, les mots de son « aparté » me hantent. Ils cristallisent ce que je ressens depuis que je suis très jeune, qu'au fond, ce qui est féminin, ou associé au féminin, est non seulement à part, mais traité différemment, et même détestable. Ces mots m'ont fait mal, pas tellement en tant qu'artiste, mais en tant que femme. Je redoutais donc cette conversation avec un critique respecté. Mais je dois dire après coup que c'était une belle discussion, douce, respectueuse, dans l'écoute mutuelle, jamais dans la confrontation, et que ça en valait la peine.

D'emblée, lorsque je lui ai écrit pour lui demander de m'accorder cette entrevue au sujet de son aparté, il a avoué n'en garder aucun souvenir et m'a écrit: « J'ai un vieux fond macho qui me gêne; je suis un gars de ma génération. Mais je ne nie pas du tout qu'on vive dans un monde patriarcal, où le "mode par défaut" est un mode masculin, au cinéma comme ailleurs. Mes propres biais viennent d'une éducation où ce qui était valorisé provenait d'une forme de masculinité, que je le veuille ou non. » À la lecture de ces mots remplis d'humilité et d'introspection, j'ai été rassurée, je me suis dit que notre discussion serait sans aucun doute intéressante.

Je lui ai d'abord demandé pourquoi il s'est senti obligé de faire cet aparté dans sa chronique. « C'était maladroit », a-t-il admis. « Je le dirais peut-être autrement aujourd'hui, mais je le dirais quand même. Au fond, je cherchais à expliquer pourquoi je n'avais pas accroché. »

Je lui ai fait remarquer qu'il n'y a pas vraiment l'équivalent pour les œuvres mettant de l'avant des personnages masculins. Bien qu'il soit possible que certaines filles ne considéreront peut-être pas certains films, livres ou séries télé comme dans leurs champs d'intérêt, il est rare qu'on dira qu'il faut être un garçon pour aimer une œuvre, même dans des histoires où les filles sont très peu présentes. « L'éducation a certainement une incidence sur ce qu'on apprécie et, souvent, ce qu'on apprécie est associé au masculin. Probablement parce que les critères ont été instaurés par des hommes », a-t-il répondu.

Sa réponse m'a rappelé quelque chose que j'ai lu dans *Le Génie lesbien*, d'Alice Coffin, un essai féministe où l'autrice se questionne entre autres sur le fait que malgré toutes les révolutions, le constat « le neutre, c'est l'homme », énoncé par Simone de Beauvoir dans son livre culte sur la condition féminine intitulé *Le Deuxième Sexe*, est toujours d'actualité. Dans son livre, Alice Coffin évoque quelque chose qui va dans le même sens que mon interlocuteur au sujet des critères culturels: « La compétence technique, le talent artistique ou la performance physique sont des standards fabriqués. Par les hommes. Pour les hommes. Ils ont fixé des normes à leur mesure et s'enorgueillissent ensuite d'être les seuls à y correspondre. »

Dans le rapport d'une recherche menée par des chercheuses en collaboration avec les Réalisatrices équitables, intitulé *Qui filme qui?*, il est mentionné que « les réalisatrices voient leurs films qualifiés de "films de femmes", alors que les réalisateurs ne sont pas étiquetés de la même manière ». C'est quelque chose que j'ai lu à plusieurs reprises à travers mes recherches. Cette qualification ferait même peur à certaines créatrices et aurait tendance à les détourner de mettre des femmes à l'avant-plan, soit parce qu'elles ont peur de porter cette étiquette, soit parce qu'on ne croit pas que leur film ayant pour sujet une femme rapportera de l'argent. « Cette conviction de crédibilité et d'efficacité des hommes comme vedettes du cinéma s'est profondément imbriquée dans les valeurs, les croyances et le fonctionnement de l'industrie », peut-on lire dans le rapport.

Je pense que les critiques de cinéma ont leur rôle à jouer dans tout ça. Et j'ai demandé à Marc Cassivi s'il en était en conscient. « Avec le recul, je me rends compte à quel point j'ai intégré un discours que je conteste de plus en plus », m'a-t-il confié.

Ce que nous sommes comme filles, femmes, les choses que nous aimons qu'on associe à notre genre (comme les romances, entre autres) sont critiquées davantage, et nous sommes fortement encouragées à aimer ce qui est considéré comme de plus grande qualité par des critères qui sont rarement remis en question. Et dans ces œuvres considérées comme plus « nobles » qu'il est mieux vu d'aimer, les hommes sont les personnages centraux et majoritaires, et les filles sont souvent subalternes, objectifiées, abusées, violentées, quasi invisibles et, quand elles existent, c'est souvent dans le regard des hommes.

Ce biais des critiques est de plus en plus mis en lumière. Dans un article de Slate datant de 2019 intitulé « La critique ciné, un milieu toujours verrouillé par les hommes », des femmes critiques racontent avoir de la difficulté à faire leur place. Elles reçoivent de la part de leurs collègues masculins des commentaires empreints de paternalisme et se font souvent reprocher leur manque d'objectivité. Dans l'article, une critique déplore une « impression de devoir faire doublement ses preuves, de ne pas être jugée sur les mêmes critères que les hommes ». Il en résulte qu'elles se remettent en question et s'autorisent de moins en moins à donner leur avis sur des films importants. Lorsque l'une d'entre elles amène un point de vue plus personnel, féministe ou simplement une perspective différente, leurs collègues en sont amusés ou ils en profitent pour les rabaisser ou les ramener à l'ordre sur ces fameux critères dont eux seuls ont le secret.

Cet article m'a d'ailleurs rappelé qu'à la suite de la chronique de 2010 de Marc Cassivi contenant son aparté, la journaliste Chantal Guy avait fait quelques jours plus tard, dans le même journal, une critique plutôt positive du film *Le Journal d'Aurélie Laflamme*. Cette critique avait été suivie d'une *autre* chronique d'un *autre* critique de cinéma (du même journal) qui mentionnait: «Chantal Guy, qui a eu le bonheur de retrouver sa fillette intérieure cette semaine, a accordé dans sa critique une cote supérieure à celle que j'aurais moi-même attribuée...»

Bien que je reconnaisse que tous les goûts sont dans la nature et qu'on puisse aimer ou non un film selon nos préférences personnelles, je n'ai vu aucune critique d'un film d'un de mes collègues – qu'elle soit positive ou négative – mentionner qu'il fallait absolument être un garçonnet ou retrouver son garçonnet intérieur pour l'apprécier. Et ce, même si les personnages masculins étaient majoritaires (ou que le film comportait des scènes dénigrantes pour les filles, ce qui est rarement soulevé et me semble plus problématique que de devoir avertir qu'il faut absolument s'identifier à une fille pour apprécier quelque chose). Ça renforce l'idée que les personnages masculins, l'expérience d'être un garçon, c'est l'universel. Le féminin est autre. Et, sous-entendu, moins intéressant.

Si Aurélie Laflamme avait été un personnage masculin, deux hommes auraient-ils pris la peine de faire ces chroniques pour rappeler à quel point ça prenait un garçonnet intérieur pour apprécier le film ou y mettre une bonne cote? J'en doute. Il est beaucoup plus fréquent de rappeler que pour aimer quelque chose d'associé aux filles, il faut ÊTRE une fille, ou le placer dans une catégorie à part pour ainsi diminuer sa valeur. Qu'est-ce que ça envoie comme message aux garçons qui auraient envie d'aimer des œuvres présentant des codes associés au féminin? Que ça ne peut s'adresser à eux, que ce n'est pas digne d'eux, ou qu'ils feront rire d'eux s'ils s'y intéressent. Pourquoi limiter à ce point les garçons?

J'ai rappelé à Marc Cassivi sa citation tirée de sa chronique «Spider-Man et les garçons», sur la façon dont on dénigre les femmes dans la culture populaire, et qui pourrait influencer la perception qu'on a d'elles. Je lui ai mentionné à quel point ce qu'il dit est juste, important et même démontré.

La voici au complet :

On me dira que de tout temps, la culture populaire, et la musique populaire en particulier, n'a pas utilisé un vocabulaire très édifiant ou respectueux pour parler des femmes. C'est vrai. Mais les mots sont chargés de sens. Ils ont une importance. Le sexisme, la misogynie, la culture du viol se nourrissent de la culture populaire. La vision que les jeunes hommes ont des femmes est forcément influencée, qu'ils le veuillent ou non, par ce qui est véhiculé dans la culture populaire. Par les mots dont on se sert pour les décrire, parler d'elles et parfois, les dénigrer.

Marc Cassivi, 2020.

« Cette citation, c'est le côté de moi que je préfère », a-t-il lancé sincèrement.

En tant que chroniqueur, il a ce pouvoir de faire une différence. Lui aussi peut y contribuer. Et comme dirait l'oncle de Spider-Man : « Avec de grands pouvoirs viennent de grandes responsabilités. »

La façon dont on parle des filles et qu'on dénigre ce qui est associé au féminin n'influence pas seulement la perception des garçons à leur égard. Plus on lit des choses négatives sur les femmes, plus on tente soi-même d'étouffer ce côté de nous, jusqu'à vouloir s'effacer. On peut aussi chercher à se conformer à une certaine vision des choses ou du monde. On veut devenir « one of the boys ». On se surprend même parfois nous aussi à vouloir bannir le rose. Ça influence donc également la perception que les filles ont d'elles-mêmes.

La conversation avec Marc Cassivi m'a donné espoir et permis de croire qu'un dialogue était possible et qu'on pouvait se comprendre sans rester campé·e·s dans nos positions respectives. « Avec le recul, je suis capable d'espérer que j'ai évolué », a-t-il mentionné. J'ai noté la phrase dans un calepin et je l'ai soulignée. Parce que je pourrais dire la même chose. Il m'arrive moi aussi de revisiter des choses que j'ai écrites par le passé, en pensant que je les dirais différemment aujourd'hui. Je n'écris pas comme j'écrivais il y a quinze ans. Et il m'est déjà arrivé, avant certaines prises de conscience, de me placer moi-même dans des cases réductrices. Heureusement, on évolue.

Après notre entrevue, Marc Cassivi m'a écrit et s'est excusé de son aparté. Même si j'apprécie cette délicatesse, je dois reconnaître qu'il a fait preuve d'intégrité en soulignant ses biais dans sa chronique de 2010, même si ses mots ont réveillé en moi un sentiment d'injustice. Car les critiques n'admettent pas toujours qu'ils et elles en ont. On lit l'avis sur des œuvres de personnes de qui on respecte énormément les connaissances, qui font même figure d'autorité dans leur domaine, et on accorde à ces opinions un statut de vérité, sans que les biais soient mentionnés.

Ce que je souhaite désormais, c'est qu'on aille plus loin que les admettre et qu'on s'attaque à ces biais. Car ils contribuent à dénigrer une partie de la population. J'aimerais qu'on arrête de valoriser seulement ce qui est associé au masculin. Que les garçons se mettent aussi à se sentir légitimes de s'intéresser aux œuvres qui mettent de l'avant des personnages féminins. Que ce ne soit plus le but ultime d'être « one of the boys ». Et surtout qu'on devienne tous·tes, peu importe qui on est ou ce qu'on représente, « one of the gang ».

Un soupçon de mauvaise foi

J'entends déjà des gens s'insurger: «Bon, on ne peut plus critiquer les filles, maintenant. Tut tut tut, c'est de la discrimination positive, ça!»

Évidemment, il ne faut pas cesser de critiquer le travail des femmes, c'est important de le faire et ça fait partie de l'égalité. Mais, souvent, leur travail est dévalorisé PARCE QU'elles sont des femmes (et qu'on les réduit à leur apparence, à leur sexualité ou qu'on remet carrément en question leur intelligence) ou PARCE QU'il est perçu comme étant lié à des caractéristiques associées au féminin. Et ces réflexes devraient pouvoir être remis en question.

Virginia Woolf, l'écrivaine dont je parlais plus tôt, déplorait en 1929 le double standard de la critique dans son essai *Une chambre à soi*: «Il est évident que l'échelle de valeur des femmes est souvent différente de celle établie par l'autre sexe et c'est bien naturel. Cependant, ce sont les valeurs masculines qui prédominent. Parlons franc, le football et le sport sont des choses "importantes"; le culte de la mode, l'achat des vêtements sont des choses "futiles". Et il est inévitable que ces valeurs soient transposées de la vie dans la fiction. Ce livre est important, déclare la critique, parce qu'il traite de la guerre. Ce livre est insignifiant, parce qu'il traite des sentiments des femmes dans un salon.»

Force est de constater que plus de 100 ans plus tard, on a encore du chemin à faire pour que tous les sujets soient traités sur un pied d'égalité.

LE ROSE

Le rose n'a pas toujours été associé aux filles. Jusqu'au 18e siècle, il était considéré comme une nuance du rouge, une couleur virile liée au pouvoir et à la guerre, très prisée par les hommes. Quant au bleu, au Moyen Âge et jusqu'au 17e siècle, il était plutôt rattaché aux femmes, en référence à la Vierge Marie.

Au fil des siècles, la signification des couleurs commence à changer. Certaines teintes sont jugées plus respectables, comme le noir, le gris, le brun et surtout le bleu, qui finit par être associé au pouvoir et aux hommes. À l'inverse, le rouge, autrefois symbole d'autorité, perd ce statut et évoque désormais l'amour.

Tranquillement, et pour toutes sortes de raisons – dont celle (encore) de vouloir vendre plus de jouets aux enfants en développant un marché distinct entre les garçons et les filles –, le rose est devenu principalement associé aux filles… et de plus en plus mal aimé.

T'sais, ces fameuses inventions de l'imagination humaine dont je parlais plus tôt ?

Chapitre 14

Écrire sa propre histoire

J'ai douté de moi au point de vouloir me fondre dans le décor. Il m'est arrivé trop souvent de refuser des engagements, de peur de ne pas être à la hauteur. Bien sûr, je suis une personne anxieuse. Je suis donc ma plus grande ennemie et je dois combattre ce trait de personnalité à grands coups de bienveillance. C'est en apprivoisant les voix dans ma tête, celles qui me font sentir inférieure ou inadéquate, que je réussis à surmonter le sentiment d'impostrice et à prendre ma place ou même à croire que j'en ai une.

J'ai aimé à m'en arracher le cœur. Mon parcours amoureux a été parsemé d'obstacles, d'erreurs et d'incompréhensions mutuelles. J'ai vécu de grands et beaux moments, mais aussi des choses qui ont fait très mal. J'ai été celle qui recherchait l'exaltation des montagnes russes émotives. J'ai été celle qui a cru que quiétude rimait avec platitude. À un moment, j'ai flirté avec l'idée que je n'étais pas faite pour les relations amoureuses. J'ai déjà annoncé ma retraite de l'amour. Jusqu'à ce que je découvre, très tard, que je confondais des gestes romantiques et des gestes toxiques et que je me demande pourquoi j'acceptais de vivre ça volontairement. Il a fallu que j'ouvre mes horizons sur une nouvelle réalité, celle qui n'est pas calquée sur les fresques romantiques qui m'ont toujours fait rêver.

Lorsqu'on est une fille, on commence confiante sur la ligne de départ et, en cours de route, on accumule les doutes. On apprend rapidement que tout ce qui est associé à ce qu'on est, tout ce qu'on aime, est soit inférieur, soit carrément détesté. On apprend à camoufler ou même à dénigrer soi-même ce qui est féminin pour être acceptée, pour se démarquer ou même par ambition. Celles qui ne le font pas en paient le prix, souvent publiquement. Les façons dont on représente les filles et les femmes, dont on parle des œuvres et des personnalités féminines, ont un impact sur leur perception d'elles-mêmes et de leur place dans le monde. Comment se sentir égale quand on te martèle constamment que ce que tu es ou ce que tu aimes ne l'est pas ? Peu à peu, ce sentiment d'infériorité teinte plusieurs de nos relations, qu'elles soient professionnelles, amicales ou amoureuses.

J'ai longtemps cru et intégré les chants de cette chorale, qui répète sans cesse les mêmes refrains. Puis, j'ai commencé à m'en détacher. Même si j'ai sans doute encore beaucoup à apprendre, je démêle tranquillement les fils de ces croyances. Je me libère de ce qui m'a été inculqué, souvent même sans m'en apercevoir. Et j'ai choisi de ne pas rester silencieuse, même si ça peut causer des remous. Car je n'arrive plus à accepter le reflet de cette réalité si restreinte censée me représenter.

On peut décider de ne pas participer à cette chorale qui nous sert la même rengaine depuis si longtemps: que nos goûts sont insignifiants, que notre voix est criarde, que notre corps mérite d'être objectifié, que notre colère est provocante, que notre beauté devrait être standardisée, que notre sensibilité est un défaut, que notre rire est enfantin, que nos opinions divergentes ne sont pas une manifestation de notre liberté d'expression mais plutôt une tentative de limiter celle des autres, que nos idées sont superficielles, que nous devons prendre le moins de place possible et nous en contenter sous peine de déranger, tout ce qui contribue finalement à nous laisser croire que nous avons moins de valeur.

TU AS LE DROIT DE TE VOIR, DE TE SENTIR ÉGAL·E AUX AUTRES ET DE T'AIMER TEL·LE QUE TU ES.

Quand j'étais ado, j'écoutais une chanson en boucle (je suis trop vieille pour me rappeler laquelle). Dans un magazine, j'avais lu que le chanteur s'était inspiré d'une histoire d'amour déchirante qu'il n'oublierait jamais. Il parlait ainsi d'une femme de qui il avait été follement amoureux comme d'une «muse». J'ai dit à ma mère: «Je voudrais tellement être une muse!» Elle m'a répondu: «Pourquoi tu voudrais être une muse? Raconte tes propres histoires.» Ç'a pété ma balloune romantique solide sur le coup (peut-être la raison pour laquelle j'ai oublié la chanson), mais je n'ai jamais oublié ce moment. Celui où j'ai pensé que je préférerais raconter qu'«être racontée».

J'ai décidé de créer mes propres histoires, en mettant de l'avant des personnages féminins, tentant de valoriser une perspective que je ne voyais pas ou de réparer certains traitements qui leur étaient réservés et de leur imaginer d'autres destins.

Mais on n'est pas obligé·e·s de faire le même métier que moi pour ça. En réalité, on écrit tous·tes notre propre histoire. On peut choisir ce qui nous construit.

L'AVENIR T'APPARTIENT.

Tu as un pouvoir sur la façon dont le monde est représenté. C'est à toi d'exprimer ce que tu veux y voir comme reflet. Comment? Par tes choix. Par tes clics. Par tes prises de position. En affirmant haut et fort la fierté d'être qui tu es peu importe où tu te situes dans le spectre de la diversité. Et en réclamant mieux que ce qu'on répète depuis trop longtemps.

Il n'en tient qu'à toi de faire un signe, discret ou pas, pour manifester ta dissidence.

Ta voix est trop puissante pour la laisser se perdre dans le confort de la tranquillité.

REMERCIEMENTS

J'ai pas fini !!!

J'ai le goût de m'inspirer d'auteurs et d'autrices que j'aime qui terminent leur livre par de petites anecdotes bonus et les chansons qui les inspiraient pendant leur écriture (pour ma part, beaucoup de Billie Eilish et de Taylor Swift, particulièrement les chansons *The Man* et *Vigilante Shit* de cette dernière).

J'ai envie de vous raconter la genèse de ce livre ainsi que de partager avec vous une petite réflexion post-rédaction.

Lorsque j'ai terminé l'écriture de mon précédent essai, *Mister Big ou la glorification des amours toxiques*, j'avais une grande quantité de recherches inutilisées, qui traitait de la représentation des filles et des femmes en fiction, mais aussi dans les médias. Peu de temps après, j'ai regardé le documentaire *Framing Britney Spears*, sur la façon dont les médias avaient traité Britney Spears alors qu'elle était toute jeune, et je me demandais si le fait de voir constamment des femmes publiques être diminuées ou ridiculisées pouvait avoir un impact sur nous toutes, sur la façon dont on se perçoit. J'ai donc voulu poursuivre ces réflexions en écrivant un essai (pour adultes) intitulé *Cette fille-là: ce qui nourrit notre sentiment d'impostrice*. J'ai commencé l'écriture, puis j'ai eu un blocage. J'ai eu peur de l'écrire. J'ai mis ce livre de côté et je l'ai rebaptisé «Le livre que j'ai peur d'écrire». Stéphane Dompierre, mon éditeur, m'a alors dit: «Les livres qui font peur sont justement ceux qu'il faut écrire.» Je comprenais ce qu'il voulait dire, je le remerciais de m'appuyer, mais la peur (et peut-être un sentiment d'impostrice?) a pris le dessus. J'avais peur pour toutes sortes de raisons, la principale étant que les prises de parole féministes comportent toujours une part de risque. Il faut être prête au combat. Même si on a des données, des chiffres, des recherches exhaustives, on suscite parfois de la suspicion ou même de l'amusement, on se fait invalider, on soulève des débats ou on reçoit des commentaires insultants, parfois même violents, sur les réseaux sociaux. Ça peut finir par épuiser. La journaliste féministe Marilyse Hamelin, qui m'avait aidée dans ma recherche pour le livre *Mister Big*, a d'ailleurs écrit un excellent essai à ce sujet intitulé *Solitudes, une décennie de réflexions féministes*, où elle aborde les avancées et les reculs du féminisme, mais également l'épuisement militant qu'elle a vécu à la suite de sa prise de parole. J'ai donc choisi, à ce moment de ma vie, le confort de la tranquillité. Ce qui est valide, parfois, pour se faire des forces, comme Marilyse l'écrit dans son livre que je recommande.

Puis, en décembre 2023, Mélissa Durand, une libraire jeunesse que je ne connaissais pas, m'a écrit pour me dire: « Ce serait vraiment pertinent que nous ayons notre propre *Mister Big* en littérature jeunesse. »

Dans son message, elle me parlait de la glorification d'amours toxiques dans les œuvres destinées aux adolescent·e·s et elle me disait qu'elle aimerait comme libraire pouvoir avoir une contrepartie à offrir. Elle est venue toucher une corde sensible en moi: les ados. Pourquoi ne pas faire du « livre que j'avais peur d'écrire » une version pour ados/jeunes adultes?

Par la suite, j'ai lu l'article dans *La Presse* intitulé « La violence en hausse chez les couples adolescents », de Gabrielle Duchaine. J'ai terminé cette lecture avec tristesse, en me demandant: mais pourquoi on apprend à aimer à s'en arracher le cœur? Et que ça se perpétue d'une génération à l'autre? J'étais convaincue de la pertinence de la suggestion de Mélissa Durand. J'avais non seulement un nouveau titre, la recherche, le sujet, mais surtout une cause. Je ne pouvais plus rester silencieuse. Et je ne voulais plus seulement traiter de l'amour, mais de comment le fait d'être présentées comme inférieures est au cœur du problème.

C'est ainsi qu'est né ce livre. Non sans une certaine appréhension, tout au long de l'écriture, je dois l'admettre. Car je suis habituée de devoir défendre ardemment mon point de vue lorsque je parle de ce sujet et même de créer un certain inconfort. Pourquoi? Je ne sais pas. Car il me semble qu'une fois qu'on prend conscience de certains stéréotypes, on peut tenter de les déconstruire plutôt que de les renforcer. Et rêver à un monde meilleur, non ?

En 2025, l'excellente série *Adolescence*, diffusée sur Netflix, a ému des millions de personnes à travers le monde. Elle y révélait l'impact dévastateur des discours masculinistes en ligne. Mais ces dérives ne naissent pas de nulle part. Elles se préparent progressivement et prennent racine dans des détails qu'on croit anodins... jusqu'à ce qu'ils s'additionnent. Et j'ai l'espoir que plus on les remarquera, plus on pourra contribuer à changer les choses.

Au moment de terminer l'écriture de cet essai, j'ai lu un article dans *La Presse* du journaliste Alexandre Sirois sur la journaliste et autrice Annie Jacobsen, intitulé : « Elle prédit l'enfer sur terre (et ça inspire Denis Villeneuve) ». Celle-ci a écrit un livre, *Nuclear War. A Scenario* (traduit en français par *Guerre nucléaire, un scénario*), qui sera adapté au grand écran par le cinéaste Denis Villeneuve. Dans l'article, elle mentionne : « L'idée est qu'un scénario narratif peut vraiment faire réfléchir les gens à un point tel que le jargon scientifique ou les discussions politiques n'auront peut-être pas le même effet. » Puis le journaliste mentionne une anecdote fascinante que l'autrice lui a racontée : « Elle rappelle que le président républicain Ronald Reagan était, à son arrivée à la Maison-Blanche au début des années 1980, un "faucon nucléaire". Il a cependant œuvré pour le désarmement après avoir vu le film *Le Jour d'après* (*The Day After*, de Nicolas Meyer), mettant en scène une guerre nucléaire entre Washington et

Moscou.» Il termine ce récit en citant l'autrice: «Et le monde est passé d'un niveau record de 70 000 armes nucléaires en 1986 à environ 12 000 aujourd'hui.»

Je suis totalement d'accord avec Annie Jacobsen qu'une œuvre de ce genre, particulièrement si elle est adaptée par un réalisateur aussi apprécié que Denis Villeneuve, peut avoir une certaine influence, surtout lorsqu'elle touche un large public. Malgré tout, son affirmation m'a habitée pendant quelques jours. Je me suis surprise à faire des recherches pour savoir si Annie Jacobsen était contestée, si elle suscitait la controverse, si elle s'était fait contredire, remettre en question ou même traiter de «woke». Je n'ai rien trouvé. Je me suis demandé pourquoi il était concevable qu'un (seul) film sur la guerre ou les armements puisse avoir une incidence aussi marquante et qu'on puisse imaginer qu'il fasse baisser le niveau d'armes nucléaires, qu'il éveille les consciences à ce sujet, ou même qu'il prévienne une possible fin de l'humanité. Et pourtant, il semble si difficile d'admettre que des années de stéréotypes répétés dans nos divertissements puissent avoir un impact, malgré les nombreuses données qui le démontrent. Pourquoi parler de stéréotypes provoque-t-il tant d'inconfort et de débats? Malheureusement, je ne peux répondre à ce questionnement, je suis rendue à mes remerciements et, comme vous pouvez le constater, ma réflexion à ce sujet continue. Ça fera peut-être l'objet d'un autre livre un jour. Pour l'instant, je souhaite simplement que ce livre – qui n'aura aucune incidence sur l'armement nucléaire – pourra aider les filles à prendre leur place et à être traitées équitablement, et les garçons à être sensibilisés aux défis quotidiens que vivent les filles, mais aussi à explorer différentes facettes de leur personnalité et leur permettre d'agrandir leur palette de goûts culturels!

J'aimerais donc remercier...

Mélissa Durand, pour la petite bougie d'allumage qui m'a permis de raviver la flamme d'un livre qui n'existera jamais mais qui en a fait naître un autre.

Stéphane Dompierre, un talentueux auteur mais également merveilleux éditeur qui m'a attendue, encouragée, rassurée. Et qui m'a aussi défendue lors d'un moment charnière pour moi. Il y a plusieurs années, il a pris la parole contre des propos misogynes à mon endroit de la part d'un journaliste qui avait écrit un article réduisant mon succès, inexplicable selon lui, à un conte de fées (pas un de Marie-Catherine d'Aulnoy, malheureusement) et qui me recommandait d'aller prendre des cours de création littéraire, sans jamais m'avoir lue, car il s'inquiétait pour mon avenir. (Des propos que je n'ai jamais lus au sujet de collègues masculins.) Même si je ne m'identifie pas à une demoiselle en détresse, cette fois-là j'admets que j'ai été terrassée, confuse, et je ne savais pas comment me défendre. Dans ces moments, ça fait toujours du bien de pouvoir compter sur des alliés. Donc merci Stéphane, de ne pas juste être un si bon éditeur et ami, mais également pour tout le reste.

Caroline Fortin et Nathalie Ranger, avec qui il est si facile de discuter, qui accueillent tous mes points de vue, mes idées, et qui ont accepté de faire l'essai que j'avais en tête, et qui me font sentir dans un *safe space*. Merci aussi à toute l'équipe de Québec Amérique, dont Audrey-Anne Bilodeau-Gariépy, Audrey Chapdelaine et Isabelle Gauvin, pour votre bienveillance. Ainsi qu'à Véronique Loranger pour les petits détails, jusque dans le papier, et à Nathalie Caron, super graphiste qui a compris la fantaisie que je voulais insuffler et qui m'a fait découvrir LaCharbonne.

Merci à Sabrina Raymond pour son œil de lynx lors de la révision.

Camille Charbonneau, alias LaCharbonne, pour les magnifiques illustrations. Je voulais que ce livre pétille, qu'il respire autant la joie (pourquoi ne serait-il pas joyeux d'imaginer un monde plus égalitaire ?) que la rébellion et, surtout que le rose soit mis en valeur de façon assumée, presque comme un acte de résistance. Puis, j'ai lu ceci sur elle : « LaCharbonne est une illustratrice et designer graphique de Montréal avec une grande passion pour le rose. » Match parfait ou quoi ? Je me sens vraiment honorée qu'une artiste aussi *badass* que toi ait accepté d'illustrer ce livre et d'y donner toutes tes couleurs.

Akira, d'être à l'écoute et d'avoir le souci d'ajouter des personnages féminins dans tes histoires. Merci de comprendre que lorsqu'on rêve d'un monde plus égalitaire, on pense aussi aux garçons qui en bénéficieront. Je souhaite un monde meilleur pour toi. Un monde où les forêts ne seront plus rasées, comme tu le souhaites, mais également où les garçons auront le droit d'aimer tout, sans être obligés de suivre les règles arbitraires de la police du goût.

Laura B., que j'avais en tête tout au long du livre, motivée par nos conversations et la volonté qu'une fille brillante comme toi puisse vivre dans un monde où ton estime de soi ne sera jamais écorchée.

Anne-Sophie Gravel, ma précieuse interlocutrice, d'être l'étincelle qui me permet d'avoir de l'espoir en l'avenir. Nos discussions m'inspirent, ton point de vue m'est indispensable et j'ai hâte de lire tes livres sur les sujets qui nous touchent, nous motivent et nous font réfléchir.

Mes amies et collègues féministes qui nourrissent mes réflexions et m'inspirent.

Ma sœur, qui m'a confrontée il y a quelques années lorsque j'étais émue lors de la finale de *How I Met Your Mother* en soulevant: « Robin n'a pas son *happy end*... elle ne sert qu'au *happy end* de Ted », mais qui a aiguisé mon sens de l'analyse. Contente d'être dans une famille de féministes rabat-joie. Merci aussi à mes parents qui nous encouragent depuis que nous sommes petites à ne pas suivre pas à pas les chorégraphies qui nous rendent mal à l'aise, et qui font la même chose pour leur petit-fils.

Joane Turgeon, qui a enrichi ma compréhension des diverses formes de violence, pour la générosité lors de nos entrevues et pour m'avoir permis de les réutiliser.

Anouk Bélanger et Stéfany Boisvert, pour l'entretien super éclairant qui m'a permis d'avancer encore plus dans mes réflexions.

Marc Cassivi, qui n'est pas le seul journaliste à avoir écrit quelque chose que je considère comme du double standard à mon sujet, ni même le pire, mais qui est le seul avec qui j'avais envie d'en discuter. Merci pour cette conversation chaleureuse remplie de sincérité et de transparence.

Mathilde Barraband, professeure chercheuse spécialisée en liberté de création, d'avoir accepté de prendre du temps pour répondre à quelques questions sur la censure.

Olivier Bernard, mon amoureux, meilleur ami et complice de vie, la personne avec qui j'aime le plus discuter de tout. Merci de m'avoir motivée à chercher mes réponses dans la science, d'avoir encouragé mon côté scientifique et, surtout, d'avoir de la considération pour les sciences sociales. Tu me permets de rêver à des utopies.

Notes et références

Pour ce livre, j'ai surtout concentré mes recherches sur les inégalités de genre. Par contre, comme on peut le constater dans des études récentes (telles que les deux prochaines citées), on voit aussi d'autres discours haineux et formes d'intolérance en hausse, comme le racisme, l'homophobie et la transphobie. Chacun de ces sujets mérite de faire l'objet d'un livre en soi, et les personnes qui abordent ces questions dans les médias ou la littérature le font mieux que je ne saurais le faire.

St-Pierre, Xavier, Corina Borri-Anadon et Geneviève Audet. « "Les autres ne le voient pas, mais toi, tu le vois" : du climat interculturel au racisme au quotidien dans l'école secondaire québécoise », *Éducation et francophonie*, volume 51, numéro 2, automne 2023, https://doi.org/10.7202/1109673ar

Richard, Gabrielle, Alexis Graindorge, Amélie Charbonneau, Olivier Vallerand et Marie Houzeau. *Augmentation des niveaux de malaise. Ce que les élèves du secondaire pensent de la diversité sexuelle, 2017-2024*, Montréal, GRIS-Montréal, 2025.

Chapitre 1 : Tant de questions

Bauer, Nichole. M. « Shifting Standards: How Voters Evaluate the Qualifications of Female and Male Candidates », *The Journal of Politics*, volume 82, numéro 1, janvier 2020.

Ljutiens Tol et Marije Renate. *USA NOT READY FOR A FEMALE PRESIDENT? The effect of an unconscious gender bias*, Group for Legal and Political Studies, avril 2020.

Chung, Francis et Jamie Kelter Davis. « 'Harris Was Pushed Off a Glass Cliff—Repeatedly' Nine experts on why the United States hasn't elected a woman president yet—and whether it ever will », *Politico Magazine*, 15 novembre 2024.

Khazan, Olga. « Why America Still Doesn't Have a Female President, Every woman is the wrong woman », *The Atlantic*, 10 novembre 2024.

Lewandowski, Camila. « Le rire de Kamala Harris lui nuira-t-il ? », *Le Devoir*, 22 juillet 2024.

Plus près de nous au sujet du rire : « Valérie Plante épuisée que les médias utilisent son sourire », *Tout un matin*, 5 novembre 2019.

« L'égalité entre les sexes pas avant "300 ans", selon Guterres », Agence France-Presse, 6 mars 2023.

Dunstan, Gemma et Zola Hargreaves. « Concerns women's equality is 'going backwards' », BBC News, 8 mars 2025. (Citation : « *Research from the World Economic Forum found at the current rate of progress it would take until 2158 to reach full parity—which is roughly five generations from now* ».)

Sur la place des femmes dans le sport : Dubé-Moreau, Florence-Agathe. *Hors jeu*, Les éditions du remue-ménage, Montréal, 2023.

Portrait des Québécoises, Pouvoir et influence, édition 2023, Conseil du statut de la femme, https://csf.gouv.qc.ca/wp-content/uploads/portrait-quebecoise-edition-pouvoir-influence.pdf

Regard sur l'égalité femmes-hommes. Vitrine statistique sur l'égalité entre les femmes et les hommes, Partenariat entre le Secrétariat à la condition féminine et l'Institut de la statistique du Québec, https://statistique.quebec.ca/vitrine/egalite?fbclid=IwY2xjawGxsPNleHRuA2FlbQIxMAABHcS6m-MqTNQI4TdKKiULOmFP9g_ayBi7-L1HW-wYMJ8fi78tthfpAUek3mQ_aem_gn8jHEBRliIX12HAfjjSWw

« Les faits, tout simplement ! Journée internationale des femmes de 2022 », Statistique Canada, 2022, https://www150.statcan.gc. ca/n1/pub/89-28-0001/2022001/article/00002-fra.htm

Richer, Jocelyne. *Le Sexe du pouvoir, politique au féminin: élues et ex-élues brisent le silence*, Les éditions La Presse, Montréal, 2024.

Collard, Nathalie. «Où sont les femmes? (air connu)», *La Presse*, 8 avril 2025.

Delvaux, Martine. *Le Boys club*, Les éditions du remue-ménage, Montréal, 2019. (Cet essai décortique les réseaux masculins et comment ils favorisent l'organisation du pouvoir entre hommes et plaide pour l'égalité.)

Dans le collectif *Le Mouvement masculiniste au Québec*, dans la section «Cyberviolence: le discours masculiniste sur les femmes», Mathieu Jobin décortique les arguments selon lesquels l'égalité serait atteinte, ou encore qu'il s'agirait du choix des femmes de ne pas se présenter en politique ou dans certains domaines anciennement réservés aux hommes.

«Si certains refusent catégoriquement d'admettre que les femmes ont fait et continuent de faire l'objet de discrimination à cause de leur sexe, d'autres préfèrent faire allusion à une inégalité maintenant dépassée qui était causée par une différence de droits politiques et juridiques entre les hommes et les femmes.»

Il rappelle pourtant qu'«[encore] aujourd'hui, les femmes se retrouvent toujours en minorité dans les instances représentatives du gouvernement ou à la tête des grandes entreprises; elles sont encore plus nombreuses à occuper des emplois précaires et moins bien payés et elles continuent d'assumer la majorité des tâches domestiques et parentales. Une telle situation ne peut s'expliquer que par la persistance de contraintes sociales».

En 2024 et 2025, on a pu constater une montée de la cyberviolence envers les femmes dans l'espace public. Dans son texte du collectif *Le Mouvement masculiniste au Québec*, publié en 2015, Mathieu Jobin soutient que «[la] contrariété à la base de cette violence vient directement d'une perte d'avantages. C'est bien la présence des femmes dans des lieux anciennement réservés aux hommes qui est la cause de la frustration, et c'est le désir de remettre les femmes à leur place qui est le moteur de cette violence».

Blais, Mélissa et Francis Dupuis-Déri (dir.). *Le Mouvement masculiniste au Québec, l'antiféminisme démasqué*, nouvelle édition revue et augmentée, Les éditions du remue-ménage, Montréal, 2015.

Durand-Delvigne, Annick. *L'exposition à des modèles de réussite en contexte ségrégué: une situation favorable à la modification et diversification des choix d'orientation des filles?*, Centre LIVES: Swiss Centre of Expertise in Life Course Research, Suisse, 2013.

Violence en contexte conjugal, Institut de la statistique du Québec, mis à jour en 2025, https://statistique.quebec.ca/vitrine/egalite/dimensions-egalite/violence/violence-contexte-conjugal

Enquête québécoise sur la violence commise par des partenaires intimes, Institut de la statistique du Québec, 2021-2022.

Hébert, Martine, Catherine Moreau, Francine Lavoie et Mylène Fernet. « Violence dans les relations amoureuses à l'adolescence : constats et approches préventives », Observatoire sur la maltraitance envers les enfants, 2014.

Sutton, Danielle et Marta Burczycka. *La violence dans le cadre de fréquentations chez les adolescents de 15 à 17 ans au Canada, 2009 à 2022*, Statistique Canada, 2024.

Carrier, Léa. « Le discours misogyne entre à l'école », *La Presse*, 19 novembre 2023.

Dans une lettre d'opinion intitulée « L'infiltration de la misogynie dans nos écoles représente un enjeu social impératif », Roxanne Guyon, sexologue et professeure adjointe au département de psychiatrie et neurosciences de l'Université Laval, lance un appel pour prévenir la radicalisation et assurer des environnements sécuritaires : « Les comportements de harcèlement, d'intimidation ou de violence sexuelle au sein des écoles peuvent être perçus comme des incidents isolés ou des interactions typiques à l'adolescence. Cette invisibilisation du sexisme peut conduire à une sous-évaluation de la gravité des comportements observés dans le milieu scolaire [...] »

Guyon, Roxanne. « L'infiltration de la misogynie dans nos écoles représente un enjeu social impératif », *Le Devoir*, 13 novembre 2024.

Qu'est-ce qu'un stéréotype ?

Définition provenant du site web du Gouvernement du Québec, https://www.quebec.ca/famille-et-soutien-aux-personnes/enfance/developpement-des-enfants/consequences-stereotypes-developpement/definition-stereotypes

Chapitre 2 : Retour vers le passé

Zemeckis, Robert. *Back to the Future I, II* et *III*, 1985, 1989, 1990.

Zemeckis, Robert et Bob Gale. « Back to the Future Feature: Making the Trilogy Part 2 », *Back to the Future Part II* (DVD), 2005.

Au Québec, tout comme pour les films américains dont je parle, il est aussi généralement admis qu'afin d'atteindre un plus grand public, il faut interpeller les hommes. En 2022, le producteur Michel Trudeau commentait ainsi le succès de la quotidienne *District 31* dans un article de *La Presse*: « Si tu veux faire des cotes d'écoute aujourd'hui, va chercher les gars de 20 à 40 ans, affirme Michel Trudeau, qui produit la série avec Fabienne Larouche chez Aetios. Quand tu vas chercher ce groupe, tu vas chercher plein de monde. »

Lemieux, Marc-André. « Un phénomène nommé *District 31* », *La Presse*, 16 avril 2022.

Quelques chiffres

Brey, Iris et Mirion Malle. *Sous nos Yeux: Petit manifeste pour une révolution du regard*, La ville brûle, France, 2021.

Il s'agit de statistiques basées sur une moyenne de plusieurs années, de films américains et non québécois, mais comme les films américains sont les plus vus chez nous (ils sont généralement au top des box-offices), on n'a pas le choix d'en tenir compte lorsqu'il est question de prendre conscience des stéréotypes qui se répètent. Dans les fictions jeunesse d'ici, il y a de plus en plus un souci de varier les personnages, ce qui est encourageant, et une raison supplémentaire de s'intéresser à notre culture (mais ça ne signifie pas que les personnages de chez nous sont exempts de stéréotypes).

Chapitre 3 : Parmi ces gens

Metter, Alan. *Girls Just Want to Have Fun*, 1985.

Dante, Joe. *Gremlins*, 1984.

Musker, John et Ron Clements. *The Little Mermaid* (*La Petite Sirène*), 1989.

« Libre comme l'air, là sur cette Terre, parmi ces gens », sont les paroles en français de la chanson *Part of Your World*, composée par Howard Ashman sur une musique de Alan Menken pour le film *The Little Mermaid.*

Desjardins, India. *Le Journal d'Aurélie Laflamme, extraterrestre ou presque*, Les Intouchables, Montréal, 2006 (publié depuis 2015 aux Éditions de l'Homme).

Gerwig, Greta. *Barbie*, 2023.

Wrench, Sam. *Taylor Swift: The Eras Tour*, 2023.

Crosbie, Eve. « Taylor Swift fans are dancing, singing, taking selfies, and generally being chaotic at screenings of 'The Eras Tour'—and not everyone is happy », *Business Insider*, 14 octobre 2023.

Smith, Katie Louise. « Taylor Swift fans divide internet with behaviour at Eras Tour movie screenings », *Capital*, 16 octobre 2023.

D'Innocenzio, Anne. « Awash in pink, everyone wants a piece of the 'Barbie' movie marketing mania », The Associated Press, 20 juillet 2023.

Pometsey, Olive. « Why grown adults are losing their minds over Barbie », *The Face*, 18 juillet 2023.

Blain, Rachel. « Une culture générale qui fout le camp », *Le Devoir*, 26 juillet 2023.

Cassivi, Marc. « Vieux bougon extraterrestre… ou presque », *La Presse*, 20 avril 2010.

Chapitre 4 : La confiance en soi

Selon Quote investigator, Eleanor Roosevelt aurait dit cette phrase entre 1935 et 1940, mais pas vraiment exactement dans ces mots, au cours d'un entretien avec le *Reader's Digest*, et ses propos ont été synthétisés de cette façon : « *No one can make you feel inferior without your consent.* »

https://quoteinvestigator.com/2012/04/30/no-one-inferior/

Marshall, Garry. *The Princess Diaries* (*Le Journal d'une princesse*), 2001.

Woolf, Virginia. *A Room of One's Own* (*Une chambre à soi*), Hogarth Press, 1929 (traduit de l'anglais par Clara Malraux, Éditions Denoël).

Boring, Anne. « How Gender Stereotypes Affect Women's Higher Education and Career Choices », Eve, Le Blog, 2017, https://www.eveprogramme.com/28755/how-gender-stereotypes-affect-womens-higher-education-and-career-choices/

Bian, Lin, Sarah-Jane Leslie et Andrei Cimpian. « Gender stereotypes about intellectual ability emerge early and influence children's interests », *Science*, volume 355, numéro 6323, 27 janvier 2017, https://www.science.org/doi/10.1126/science.aah6524

Stanaland, Adam, Sarah Gaither, Anna Gassman-Pines, Daniela Galvez-Cepeda et Andrei Cimpian. « Adolescent boys' aggressive responses to perceived threats to their gender typicality », *Developmental Science*, volume 27, numéro 6, novembre 2024, https://doi.org/10.1111/desc.13544

Le test de Bechdel

Sur Wikipédia : https://fr.wikipedia.org/wiki/Test_de_Bechdel

Brunet, Marie-Hélène. « Test de Bechdel et agentivité des femmes dans l'histoire : analyse des discussions sur un forum en ligne », *Revue de recherches en littératie médiatique multimodale*, volume 12, novembre 2020, https://doi.org/10.7202/1073685ar

Chapitre 5 : Se sentir invisible

Gerwig, Greta. *Barbie*, 2023.

Sperling, Nicole. « Barbie était censé transformer Hollywood... ce n'est pas arrivé », *La Presse* (article originellement publié dans *The New York Times*), 25 juillet 2024.

Plusieurs rapports récents émis par le Geena Davis Institute démontrent une progression, mais également qu'il reste du chemin à faire pour une représentation plus diversifiée.

Source : The Geena Davis Institute on Gender in Media, https://geenadavisinstitute.org/

Newsom Siebel, Jennifer. *Miss Representation*, 2011.

Les Réalisatrices équitables : https://realisatrices-equitables.com

Lupien, Anna, Anouk Bélanger et Francine Descarries, en collaboration avec les Réalisatrices équitables. *Qui filme qui ? Vers des représentations équilibrées devant et derrière la caméra*, Réalisatrices équitables/Réseau québécois en études féministes/Service aux collectivités de l'UQAM, Montréal, 2021.

Lupien, Anna, Francine Descarries, Isabelle Hayeur, en collaboration avec les Réalisatrices équitables. *L'avant et l'arrière de l'écran. L'influence du sexe des cinéastes sur la représentation des hommes et des femmes dans le cinéma québécois récent*, Réalisatrices équitables/Réseau québécois en études féministes/Service aux collectivités de l'UQAM, Montréal, 2013.

Parlant du succès de *Barbie*

Pour approfondir la réflexion sur la place du féminisme dans la culture populaire : Galand, Sandrine. *Le Féminisme pop*, Les éditions du remue-ménage, Montréal, 2021.

Un peu d'histoire

Baszczynski, Marilyn. « Laure Conan : Un théâtre au féminin au 19e siècle », *Theatre Research in Canada / Recherches théâtrales au Canada*, volume 14, numéro 1, 1993.

Pour plus d'informations et de contexte historique entourant Laure Conan et Joséphine Dandurand: Auger, Manon Louisa. *Éminentes victoriennes – Laure Conan, Henriette Dessaules, Azélie Papineau et Joséphine Marchand*, Nota Bene, Montréal, 2024.

Chapitre 6 : Au moins une

Lucas, George. *Star Wars, épisode IV: Un nouvel espoir* (1977), *Star Wars, épisode V: L'Empire contre-attaque* (1980), *Star Wars, épisode VI: Le Retour du Jedi* (1983).

Belmehdi, Racha. *Rivalité, nom féminin: une lecture féministe du mythe*, Favre, France, 2022.

Augustin, Alice. «Rivalité féminine: décryptage d'un cliché tenace», *Elle France*.

La Pat'Patrouille (V. F. de *PAW Patrol*) est une série d'animation canadienne créée par Keith Chapman diffusée sur différentes chaînes depuis 2013. Elle raconte les aventures d'une patrouille formée de six chiots, Marcus, Zuma, Ruben, Chase, Rocky et Stella, et d'un garçon de onze ans, Ryder, qui protègent les habitants de La Grande Vallée.

Pollitt, Katha. «Hers; The Smurfette Principle», *The New York Times*, 7 avril 1991.

Les mean girls

Waters, Mark. *Mean Girls* (*Méchantes ados*), 2004.

Mean Girls, livret de Tina Fey, paroles de Nell Benjamin, et musique de Jeff Richmond, 2018.

Jayne, Samantha et Arturo Perez Jr. *Mean Girls*, 2024.

Citation: «*Males both bullied others and were bullied significantly more often than females*», dans Nansel, Tonja R., Mary Overpeck, Ramani S. Pilla, W. June Ruan, Bruce Simons-Morton et Peter Scheidt. «Bullying behaviors among US youth: prevalence and association with psychosocial adjustment», *JAMA*, volume 285, numéro 16, 25 avril 2001, doi:10.1001/jama.285.16.2094.

Artz, Sibylle et Diana Nicholson. «Les filles agressives», Centre national d'information sur la violence dans la famille, Santé Canada, 2002.

Leschied, Alan W., Anne Cummings, Michele Van Brunschot, Alison Cunningham, Angela Saunders. «La violence chez les adolescentes: Étude documentaire et Corrélations», Sécurité publique Canada, 2000.

Lévesque-Lizotte, Kim. «La méchanceté des femmes», *Véro*, 29 août 2022.

Petit répertoire d'élues dans les films

Plusieurs stéréotypes de toutes sortes y sont répertoriés: https://tvtropes.org

Et les garçons dans tout ça?

On entend souvent que le fait de réfléchir aux représentations stéréotypées, à la place des femmes dans la société ou même carrément au mouvement féministe nuit à la santé mentale des garçons et des hommes en général. Dans son livre *La Crise de la masculinité: Autopsie d'un mythe tenace*, le sociologue Francis Dupuis-Déri déconstruit ces idées. On y apprend que depuis l'aube de l'humanité, ces arguments ont surgi à chaque fois que les femmes ont réclamé plus d'égalité. Il en résulte qu'on se préoccupe des garçons qui souffrent, tout en oubliant que cette demande d'égalité provient à la base de la souffrance des femmes, à cause des inégalités et injustices qu'elles vivent depuis trop longtemps. Le sociologue rappelle que ce sont les normes rigides de la masculinité traditionnelle (comme la domination ou la compétition) elles-mêmes qui ont des effets négatifs sur la santé mentale des jeunes garçons. Si chacun·e, peu importe son genre, peut exprimer sa pleine humanité sans être enfermé dans des stéréotypes contraignants, ça contribuerait à une meilleure santé mentale collective.

Dupuis-Déri, Francis. *La Crise de la masculinité: Autopsie d'un mythe tenace*, Les éditions du remue-ménage, Montréal, 2018.

Reeve, Christopher. *Still Me*, Random House, New York, 1998.

hooks, bell. *La Volonté de changer: Les Hommes, la masculinité et l'amour*, Divergences, France, 2004.

McGeown, Sarah, Hannah Goodwin, Nikola Henderson et Penelope Wright. «Gender differences in reading motivation: Does sex or gender identity provide a better account?», *Journal of Research in Reading*, volume 35, numéro 3, 2012.

Mulvey, Kelly Lynn et Melanie Killen. «Challenging gender stereotypes: resistance and exclusion», *Child Development*, volume 86, numéro 3, mai-juin 2015. doi:10.1111/cdev.12317.

Chapitre 7 : Des affaires de filles, partie 1

Holland, Brynn. «Barbie Through the Ages», *History*, 29 janvier 2016, mis à jour le 14 juillet 2023.

Barbie: A Cultural Icon, Museum of Art and Design, New York, 2024. (Exposition organisée par Illusion Projects Inc. en partenariat avec Mattel Inc.)

Davis, Lagueria. *Black Barbie*, 2023. (Disponible sur Netflix.)

Hall, Karen J. « A Soldier's Body: GI Joe, Hasbro's Great American Hero, and the Symptoms of Empire », *The Journal of Popular Culture*, volume 38, numéro 1, août 2004.

Brown, Brian « Box ». *The He-Man Effect: How American Toymakers Sold You Your Childhood*, Texas, 2023.

Musker, John et Ron Clements. *The Little Mermaid*, 1989 ; et Marshall, Rob. *The Little Mermaid*, 2023.

Spider-Man est un superhéros de l'univers Marvel, créé par le scénariste Stan Lee et l'illustrateur Steve Ditko. Ses bandes dessinées ont fait l'objet de nombreuses adaptations. Au cinéma, nous avons vu la trilogie de Sam Raimi de 2002 à 2007, le diptyque de Marc Webb de 2010 à 2012 ; il y a eu aussi Jon Watts qui s'est prêté au jeu en 2017 et 2021, sans compter la présence de ce personnage dans l'univers des Avengers et du MCU en plus des films d'animation *Spider-Man: New Generation* (2018) et *Spider-Man: Across the Spider-Verse* (2023)…

Brey, Iris et Mirion Malle. *Sous nos yeux: Petit manifeste pour une révolution du regard*, La ville brûle, France, 2021.

Un peu d'histoire

Brown, Brian « Box ». *The He-Man Effect: How American Toymakers Sold You Your Childhood*, Texas, 2023.

Rowe, Jeff. *Teenage Mutant Ninja Turtles: Mutant Mayhem*, 2023.

Horvath, Aaron et Michael Jelenic. *The Super Mario Bros. Movie*, 2023.

En 2023, c'est ce film qui a remporté le plus gros box-office au Québec, et non *Barbie*.

Source : Lacroix-Couture, Frédéric. « Le nombre de spectateurs en hausse, mais loin du niveau prépandémique », La Presse Canadienne, 5 septembre 2024.

Child, Ben. « Can Travis Knight's He-Man movie do for boys what Greta Gerwig's Barbie did for girls? », *The Guardian*, 6 septembre 2024.

Chapitre 8 : L'Amouuuur

« Tendances en matière de violence familiale et de violence entre partenaires intimes au Canada, affaires déclarées par la police », Statistique Canada, 2023, https://www150.statcan.gc.ca/n1/daily-quotidien/241024/dq241024b-fra.htm

Entrevue réalisée avec Joane Turgeon en 2020 pour mon livre *Mister Big ou la glorification des amours toxiques*, paru en 2021, avec son accord pour réutiliser ses propos pour ce livre.

Chapitre 9 : La glorification des amours toxiques

J'élabore davantage la réflexion sur l'écriture de structures dramatiques dans mon essai *Mister Big ou la glorification des amours toxiques*, au chapitre 12 intitulé « Une place à nous ». Desjardins, India. *Mister Big ou la glorification des amours toxiques*, Québec Amérique, Montréal, 2021.

Lalonde, Catherine. « Faut-il s'inquiéter que de très jeunes lectrices lisent de la "dark romance" ? », *Le Devoir*, 12 avril 2024.

Duchaine, Gabrielle. « La violence en hausse chez les couples adolescents », *La Presse*, 17 février 2024.

Que dit la science ?

La position de l'American Psychological Association : https://www.apa.org/action/resources/research-in-action/protect

Qu'est-ce que le mouvement #MeToo ?

Le mouvement #MeToo (ou #MoiAussi au Québec) a pris forme en 2017 lorsque des millions de personnes, en majorité des femmes, ont pris la parole sur les réseaux sociaux pour dénoncer des expériences de harcèlement et de violences sexuelles. Il a été propulsé par l'affaire Harvey Weinstein (un producteur de cinéma américain que des actrices ont accusé d'agressions sexuelles). Ce mouvement a mis en lumière différentes formes d'abus et a permis de sensibiliser plusieurs personnes face à l'ampleur du problème.

La réflexion avait été amorcée dix ans plus tôt, en 2007, lorsque Tarana Burke, une travailleuse sociale afro-américaine, avait mené une campagne pour dénoncer les violences sexuelles à l'endroit des personnes racisées.

Section spéciale

Guide pour identifier ou prévenir les relations malsaines

Formes de violences conjugales : https://www.quebec.ca/famille-et-soutien-aux-personnes/violences/violences/

Turgeon, Joane. *Comprendre la violence dans les relations amoureuses*, Trécarré, Montréal, 2018.

Turgeon, Joane. « Le point sur la violence conjugale », *Ressources et vous*, volume 8, 2003.

Contrôle coercitif: *Outils complémentaires au guide d'accompagnement*, Refuge pour les femmes de l'Ouest de l'île, https://wiws.ca/wp-content/uploads/2022/04/Controle-coercitif_French_Final.pdf

Comme une cage de verre: emprise et contrôle coercitif en violence conjugale, SOS violence conjugale, sosviolenceconjugale.ca

Pour plus d'informations: Regroupement des maisons des femmes victimes de violence conjugales, maisons-femmes.qc.ca

Plamondon, Judith et Brigitte Noël. « Prison invisible: détecter le contrôle coercitif pour prévenir les féminicides », Radio-Canada, 3 octobre 2024, https://ici.radio-canada.ca/info/long-format/2108907/controle-coercitif-feminicides-violence-conjugal

Sur le projet de loi C-322: « Un projet de loi du NPD visant à criminaliser ce type de comportement a été adopté à la troisième lecture par l'ensemble des partis sans un seul député dissident mercredi après-midi. » Pirro, Raphaël. « Violence conjugale: le contrôle coercitif en voie d'être illégal au Canada », *TVA nouvelles*, 12 juin 2024.

Faits, statistiques et incidence de Femmes et égalité des genres Canada (FEGC) – Violence fondée sur le sexe: https://www.canada.ca/fr/femmes-egalite-genres/violence-fondee-sexe/faits-statistiques.html

Swift, Taylor. *Folklore: The Long Pond Studio Sessions*, 2020.

Transcription de la citation de Taylor Swift:
« [*For*] *centuries we've been expected to absorb male behavior silently. Right? Silent absorption of whatever any guy decides to do. And often times when we, in our enlightened state, in our enboldened state now, respond to bad male behavior or somebody just doing something that was absolutely out of line and we respond, that response is treated like the offense itself.*

[*You know there's*] *been situations with—recently—somebody who's very guilty of this in my life, and it's a person who make me feel—or tries to make me feel—like I'm the offender by having any defense to his offense. It's like I have absolutely no right to response or I'm crazy. I have no right to response or I'm angry. I have no right to response or I'm out of line.* »

Entrevues réalisées avec Joane Turgeon en 2020 pour mon livre *Mister Big et la glorification des amours toxiques*, paru en 2021 chez Québec Amérique, ainsi que pour mon balado *Tomber*, lancé la même année sur la plateforme OHdio, avec son accord pour réutiliser ses propos dans ce livre.

Ressources: Pour du soutien ou plus d'informations sur la violence conjugale, voici une page du Gouvernement du Québec avec toutes les ressources disponibles: https://www.quebec.ca/famille-et-soutien-aux-personnes/violences/violence-conjugale/aide-ressources#c148626

Chapitre 10 : Des affaires de filles, partie 2

Groult, Benoîte. *Ainsi soit-elle*, Le livre de poche, France, 2006 (publié originellement en 1975).

Emmanuelle, Camille. *Lettre à celle qui lit mes romances érotiques et qui devrait arrêter tout de suite*, Les Échappés, France, 2017.

Turgeon, Joane. « Le point sur la violence conjugale », *Ressources et vous*, volume 8, 2003.

Que dit la science?

Valls, Rosa, Lidia Puigvert et Elena Duque. « Gender Violence Among Teenagers: Socialization and Prevention », *Violence Against Women*, volume 14, numéro 7, juillet 2008.

Puigvert, Lidia, Sandra Racionero-Plaza, Garazi Lopez de Aguileta, Itxaso Tellado, Silvia Molina, Miguel Angel Pulido-Rodriguez, Leire Ugale et Ramon Flecha. « Disdainful Hookups: a Powerful Social Determinant of Health », *J Urban Health*, volume 100, numéro 5, août 2023.

Grande confusion autour de la séduction

Wong, David. « 7 Reasons So Many Guys Don't Understand Sexual Consent », cracked.com, 3 novembre 2016.

hooks, bell. *À propos d'amour*, Divergences, France, 2022.

Note: l'écrivaine bell hooks (un nom de plume, son véritable nom étant Gloria Jean Watkins) a choisi d'utiliser les minuscules dans son pseudonyme pour ne pas centrer l'attention sur elle, mais sur son travail.

La distinction entre transmettre et enseigner est essentielle pour bell hooks. La transmission serait un processus basé sur l'observation. L'enseignement serait une démarche consciente où, dans le cas des relations, on apprend ce qui est sain et ce qui ne l'est pas. Elle souligne dans son livre que l'amour n'est pas toujours bien transmis dans notre société, car beaucoup de gens grandissent avec des modèles dysfonctionnels. Elle affirme donc que, pour éviter les confusions et empêcher que la maltraitance soit perçue comme normale dans l'amour, il faudrait l'enseigner, comme une compétence essentielle à développer consciemment.

Pour une réflexion plus approfondie sur le consentement: Clermont-Dion, Léa. *Salut, ça va? Dialoguer pour prévenir les violences sexuelles*, Cardinal, Montréal, 2024. (Cet essai a été adapté en ateliers donnés dans les écoles secondaires du Québec par l'organisme Ensemble pour le respect de la diversité.)

Chapitre 11 : Superhéroïnes ET amoureuses

Someday My Prince Will Come (1937), chanson composée par Frank Churchill et Larry Morey, est tirée du film *Snow White and the Seven Dwarfs*, de Walt Disney et réalisé par David Hand, William Cottrell, Wilfred Jackson, Larry Morey, Perce Pearce et Ben Sharpsteen. Elle a été adaptée en français par Francis Salabert et porte le titre *Un jour mon prince viendra*.

Jenna Ortega au *The Tonight Show starring Jimmy Fallon*, NBC, 3 mars 2023.

Traduction libre de:
«*I think we want to up, kind of, the horror aspect of it a little bit and then get Wednesday out of the romantic situation and let just be on her own individual and fight her own crime.*»

Wednesday est une série américaine sortie en 2022 sur Netflix, réalisée par Tim Burton, James Marshall et Gandja Monteiro. Elle est inspirée du personnage du même nom dans *La Famille Addams*, des bandes dessinées créées par Charles Addams en 1938 publiées dans le magazine *The New Yorker* et qui ont fait l'objet de plusieurs adaptations télévisuelles et cinématographiques.

Jenkins, Patty. *Wonder Woman 1984*, 2020.

Bologne, Jean-Claude. *Histoire du mariage en Occident*, Lattès, France, 1995.

Madame d'Aulnoy, la femme à l'origine du premier conte de fées, France Culture, 2023.

Bosquet, Marie-Françoise. «Féminité et société ou l'amour en question: le point de vue des conteuses utopistes», *Dix-huitième siècle*, numéro 41, 2009.

Gravel, Anne-Sophie. « La Petite Sirène, une héroïne revendicatrice, indépendante et complexe », *The Conversation*, 31 juillet 2023.

Pour approfondir le sujet de l'interprétation des histoires : Pelletier, Jérôme. « Deux conceptions de l'interprétation des récits de fiction », *Philosophiques*, volume 32, numéro 1, printemps 2005.

Le reflet de la réalité

Ritichie, Guy. *Aladdin*, 2019.

5 questions à des spécialistes

Entrevue conjointe réalisée en juin 2024.

Anouk Bélanger, professeure et chercheuse, Département de communication sociale et publique, Université du Québec à Montréal.

Stéfany Boisvert, professeure et chercheuse, École des médias, Université du Québec à Montréal.

Elles sont également membres du Groupe de recherche et observatoire les usages et cultures médiatiques.

Chapitre 12 : Se faire remettre à sa place

Woke : cette expression, née du mot anglais « éveillé », signifie à l'origine une prise de conscience face aux injustices sociales et un engagement dans les luttes contre la discrimination et les inégalités. Avec le temps, les détracteurs de ces luttes lui ont donné une connotation péjorative. Ils en ont fait un mot-valise désignant selon eux une forme de rectitude politique et disqualifiant certaines prises de parole, particulièrement dans le domaine des sciences humaines et sociales.

Pour lire les commentaires sur la série *The Acolyte* : https://www.metacritic.com/tv/the-acolyte/

Farokhmanesh, Megan. « EA on the backlash against women in Battlefield V: 'Accept it or don't buy the game' », The Verge, 12 juin 2018.

Marshall, Cass. « Why Warhammer 40K fans are freaking out over a female Custodes in the new codex », Polygon, 17 avril 2024.

On reproche à Disney de faire des flops causés par le fait qu'ils sont trop « woke », comme dans cet article Disney : Smith, Lauren. « A billion-dollar casualty of woke », Spiked, 19 février 2024.

Par contre, on ne nomme pas les flops qui n'entrent pas dans cette catégorie comme celui de 2023 de *Indiana Jones and the Dial of Destiny*: Reid, Caroline. « Indiana Jones Whips Up $130 Million Loss For Disney », *Forbes*, 31 mars 2024. Ou encore ceux de l'univers des superhéros Marvel : Sharf, Zach. « Marvel Studios Boss Admits 2023 Was a 'Rough Time,' but Says: 'If We Just Stayed on Top, That Would've Been the Worst Thing' and 'We Learned Our Lesson' », *Variety*, 7 mai 2024.

En 2024 et 2025, plusieurs compagnies dont Walmart, McDonald's, Ford, Harley-Davidson, Amazon, American Airlines, Meta et John Deere ont mis fin au programme de diversité, équité et inclusion (DEI), soit pour plaire à leurs actionnaires, soit pour suivre la vague instaurée par le président Trump.

Gosselin, Janie. « Diversité, équité et inclusion – Trump jette les programmes aux orties », *La Presse*, 25 janvier 2025.

Les politiques d'équité, de diversité et d'inclusion débattues tant aux É.-U. qu'au Canada, Radio-Canada, 26 janvier 2025.

Bien que les politiques de diversité, équité et inclusion fassent parfois l'objet de critiques et soient en constante évolution, elles avaient été mises en place pour favoriser l'égalité des chances ainsi que pour corriger une sous-représentation de certains groupes par rapport au poids démographique. Elles permettraient, à compétence égale (important de le souligner), de s'attaquer aux biais inconscients au moment de l'embauche et de réduire les injustices auxquelles plusieurs personnes sont confrontées. Mais une certaine frange politique entretient la fausse croyance que ces embauches ne seraient pas basées sur le « mérite » et qu'elles seraient « discriminatoires », alors qu'elles visent justement à contrer la discrimination, basée sur des préjugés, conscients ou non, qui peuvent pénaliser des personnes compétentes.

Asare, Janice Gassam. « Three Of The Most Popular DEI Myths Debunked », *Forbes*, 31 janvier 2024.

Lévesque, Pascale. « Un modèle de réussite dans un secteur où les femmes restent sous-représentées », *Le Soleil*, 8 mars 2025.

Dumont, Micheline. *Le Féminisme québécois raconté à Camille*, Les éditions du remue-ménage, Montréal, 2009.

Chapitre 13 : One of the gang

Cassivi, Marc. « Spider-Man et les garçons », *La Presse*, 19 juillet 2020.

Coffin, Alice. *Le Génie lesbien*, Grasset, France, 2020.

Lupien, Anna, Anouk Bélanger et Francine Descarries, en collaboration avec les Réalisatrices équitables. *Qui filme qui? Vers des représentations équilibrées devant et derrière la caméra*, Réalisatrices équitables/Réseau québécois en études féministes/Service aux collectivités de l'UQAM, Montréal, 2021.

Lupien, Anna, Francine Descarries, Isabelle Hayeur, en collaboration avec les Réalisatrices équitables. *L'avant et l'arrière de l'écran. L'influence du sexe des cinéastes sur la représentation des hommes et des femmes dans le cinéma québécois récent*, Réalisatrices équitables/Réseau québécois en études féministes/Service aux collectivités de l'UQAM, Montréal, 2013.

Bellan, Lucile et Anaïs Bordages. «La critique ciné, un milieu toujours verrouillé par les hommes», *Slate*, 20 mai 2019.

Guy, Chantal. «Comédie dramatique, Le Journal d'Aurélie Laflamme, critique», *La Presse*, avril 2010 (reprise le 25 septembre 2010, lors de la sortie DVD).

Lussier, Marc-André. «Rubrique "comment ça marche?"», *La Presse*, 23 avril 2010.

Lee, Stan. *Amazing Fantasy #15*, Marvel Comics, 1962. (Ce proverbe apparaît dans une narration qui termine la bande dessinée et il a par la suite été popularisé par les films de la série *Spider-Man*, par le biais du personnage de Ben, l'oncle de Peter Parker.)

Un soupçon de mauvaise foi

Woolf, Virginia. *A Room of One's Own* (*Une chambre à soi*), Hogarth Press, 1929 (traduit de l'anglais par Clara Malraux, Éditions Denoël).

Le rose

Mourgues, Elsa. «Pourquoi le rose c'est pour les filles?», France culture, 21 décembre 2020.

Chapitre 14 : Écrire sa propre histoire

Au sujet de cette affirmation, «Celles qui ne le font pas en paient le prix, souvent publiquement», voir les documentaires suivants:

Wilson, Lana. *Miss Americana*, 2020. (Un documentaire où Taylor Swift revisite quelques injustices qu'elle a vécues en tant que créatrice.)

Stark, Samantha. *Framing Britney Spears*, 2021. (Un documentaire qui démontre le traitement médiatique odieux qui a été réservé à Britney Spears, contrairement à ses collègues masculins.)

Wilson, Lana. *Pretty Baby: Brooke Shields*, 2023. (Un documentaire qui démontre comment Brooke Shields, une actrice qui a commencé sa carrière très jeune, était sexualisée par les médias alors qu'elle était une enfant.)

Newnham, Nicole. *The Disappearance of Shere Hite*, 2023. (Un documentaire sur une féministe américaine d'origine allemande et le backlash médiatique qu'elle a vécu lorsqu'elle a écrit des livres sur la sexualité féminine qui remettait en question ce qui était véhiculé.)

Sur la question de notre impact au moment des choix, l'actrice Michelle Williams a prononcé un discours politisé aux Golden Globes en 2020 qui m'habite encore : « *When it is time to vote, please do so in your own self-interest. It's what men have been doing for years, which is why the world looks so much like them. Don't forget: We are the largest voting body in this country. Let's make it look more like us.* »

À s'en arracher le cœur – Réflexions sur les filles et l'amour dans la fiction
a été achevé d'imprimer en août 2025 sur les presses de l'imprimerie HLN,
au Québec, Canada, pour le compte des Éditions Québec Amérique.